本书是由国家自然科学基金项目"干热河谷区不同土地利用※
时空异质性及其运移规律研究"(31560233)和"云南省高校优※
(生态学)"建设项目共同资助

西南喀斯特退化生态系统植被恢复区土壤质量及抗侵蚀影响机制

赵洋毅 段 旭 著

科学出版社

北 京

内 容 简 介

本书对西南喀斯特山地退化生态系统植被恢复过程中土壤质量和土壤侵蚀的影响机制进行了较为系统的研究,并分别以典型喀斯特区域的贵州中部和云南东部的中轻度石漠化地区土壤为研究对象,选择不同植被恢复阶段设置固定样地,采用野外定位监测和室内试验分析相结合的方法测定土壤理化性质、结构性、抗蚀抗冲性和生物学特性等指标数据为基础,分析了喀斯特退化生态系统植被恢复、土壤结构和母岩岩性对土壤抗侵蚀的影响以及植被恢复对土壤渗透性、土壤有机碳及生物学特性及土壤质量的影响,为喀斯特区石漠化治理提供依据。

本书可以为从事喀斯特水土流失治理和研究的科研人员提供研究方法和思路,也可供林业工作者阅读参考。

图书在版编目(CIP)数据

西南喀斯特退化生态系统植被恢复区土壤质量及抗侵蚀影响机制 / 赵洋毅, 段旭著.—北京:科学出版社, 2018.2
    ISBN 978-7-03-056500-6

    Ⅰ.①西… Ⅱ.①赵… ②段… Ⅲ.①喀斯特地区-山区-土地退化-植被-生态恢复-土地质量-研究-中国②喀斯特地区-山区-土地退化-植被-生态恢复-土壤侵蚀-防治-研究-中国 Ⅳ.①F321.1

中国版本图书馆 CIP 数据核字 (2018) 第 021601 号

责任编辑:张 展 刘 琳 / 责任校对:江 茂
责任印制:罗 科 / 封面设计:墨创文化

科 学 出 版 社 出版

北京东黄城根北街16号
邮政编码:100717
http://www.sciencep.com

成都锦瑞印刷有限责任公司印刷
科学出版社发行 各地新华书店经销

*

2018 年 2 月第 一 版 开本:B5 (720×1000)
2018 年 2 月第一次印刷 印张:9 1/4
字数:200 千字

定价:**88.00 元**
(如有印装质量问题,我社负责调换)

前　　言

　　全球喀斯特面积约占陆地面积的 12%，中国喀斯特面积在 90 万 km² 以上，接近全国国土面积的 1/10。中国西南喀斯特地区位于长江和珠江两大水系的上游，主要分布在以贵州为中心的西南地区，包括贵州、云南、广西、湖南、湖北、四川、重庆和广东 8 个省市自治区，总面积为 115 万 km²，其中喀斯特面积约 55 万 km²，其中石漠化面积达 14 万 km²，横跨云贵高原和广西丘陵，地势总体上西高东低，是世界三大岩溶集中连片区中面积最大、喀斯特发育最强烈的典型地区。受地球内营力、强烈的地质运动、高温多雨且分布不均、碳酸盐溶蚀性强以及水文变化复杂的影响，在岩石裸露率高和钙镁含量高、土壤贫瘠、季节性岩溶干旱严重等自然胁迫环境下，该区域也是西南典型的生态脆弱区和退化生态系统的广泛存在区。喀斯特生态系统具有脆弱性和易退化的显著特点，主要体现在其稳定性和抗干扰性差、人地矛盾突出等方面。在亚热带地区喀斯特强烈发育的自然背景下，受人为活动的干扰破坏，造成了土壤严重侵蚀、基岩大面积裸露、生产力严重下降的土地退化现象，即石漠化现象。随着石漠化程度的加强，裸岩的分离程度逐渐增加，斑块面积逐渐增大，草坡、灌丛、林地的分离度逐渐增加，尤其是伴随着西南地区近年来干旱少雨或降雨分配不均程度日益增大的气候条件，对水文生态过程产生诸多不利影响，生态系统退化也日益严重。

　　喀斯特山地是极为脆弱的生态系统之一，喀斯特地区的森林植被一旦遭受破坏，其恢复十分困难，极易造成石漠化，必然造成大量的水土流失、土层变薄、土地退化。长期以来，在喀斯特发育典型的地区，不合理的土地开垦、资源利用已导致区域生态系统严重退化，对当地社会、经济的发展和资源的可持续利用以及生存环境构成了严重威胁。作者通过对典型退化喀斯特山地植被恢复过程中的土壤结构、物理、化学、生物学特性以及抗侵蚀性的研究，了解其在植被恢复过程中土壤质量变化特征，以期为喀斯特地区石漠化治理提供依据。

　　本书的出版，得到了国家自然科学基金项目干热河谷区不同土地利用类型下土壤水分时空异质性及其运移规律研究(31560233)和云南省高校优势特色重点学科(生态学)建设项目的资助。感谢研究生舒树森、曹向文在野外调查采样、室内试验分析中付出的辛勤劳动。本书可以为从事喀斯特水土流失治理和研究的科研人员提供研究方法和思路，也可供林业工作者阅读参考。

由于本书编著过程中涉及内容较多，书中难免存在错误和不当之处，恳请广大读者批评指正。

编　者

2018 年 1 月

目　　录

第1章 绪 论

喀斯特(karst)是指由地下水和地表水对碳酸盐类岩石的溶蚀和改造作用而形成的一种特殊地貌,在世界上有广泛的分布。由中国向西,经中东到地中海,分布着一条广阔的碳酸盐岩带,并与大西洋西岸美国东部碳酸盐岩分布区相望,形成了世界上三大喀斯特集中分布区,即欧洲地中海沿岸、美国东部和中国西南喀斯特区。中国是喀斯特面积最大、分布最广的国家,喀斯特面积超过 90 万 km²,约占全国总面积的 10%,主要分布于中国南方的贵州、广西、云南、四川、湖南、湖北、广东等省份,其中以贵州为中心连接桂北、滇东、湘西及川东南等地成一片的地区所占的面积最大,超过 55 万 km²,是世界最大、最集中连片的喀斯特区(宋同清,2012)。在南方喀斯特山地典型脆弱区中,贵州喀斯特分布县(市)占 75 个,面积占南方喀斯特典型脆弱区总面积的 73.8%,也占全省土地面积的 73.8%(刘映良,2007),是喀斯特发育最强烈、景观类型最多、生态环境最复杂、人地矛盾最尖锐的地区;其次为云南省,县(市)分布占 60 个(李阳兵等,2002)。生态系统在自然或人为干扰下偏离自然状态,对退化生态系统的恢复受到各种人类活动、气候变化和不可预见因素的干扰,人类对喀斯特生态系统的保护、工人恢复、治理,以及一切生产活动、土地利用模式等,均构成对生态系统的人为干扰,兼具对生态退化和生态恢复的双重影响。喀斯特典型山地地表崎岖破碎,山高坡陡,基岩裸露率高,水、土要素出现结构性缺损,石多土少,成土速度极慢,地表干旱,可利用的水资源短缺,导致整个喀斯特生态环境系统的物质、能量流动不畅,功能低下,生态系统一经破坏,特别是反复破坏,则很难恢复,而这又主要表现在植被及土壤的恢复上(陈喜等,2014)。

由于喀斯特生态系统变异敏感度高,该地区属于典型的生态环境脆弱区,石漠化已成为该区域最为严重的生态环境问题。喀斯特脆弱生态系统易退化、难恢复,严重制约着区域生态-社会-经济的发展。随着人口的不断增加和工业化进程的加快,人类对可再生资源尤其是森林资源的过度利用,导致大面积植被遭受到不同程度的破坏与干扰,许多类型的生态系统出现严重退化,继而引发了一系列的生态环境问题,如水土流失、森林消退、土地荒漠化、水体和大气污染加重、生物多样性锐减、淡水资源短缺等。在喀斯特地区,这些越来越严重的环境问题对人类的生存环境以及经济社会的可持续发展构成了更为严重的威胁。整治日趋恶化的生态环境，防止自然生态系统的退化，恢复和重建已经受损的生态系统，是改善生态环境、提高区域生产力、实现可持续发展的关键。西南喀斯特地区地处长江和珠江水系的上游，对中国南方生态安全影响巨大，有了西南喀斯特地区的可持续发展，才会有长江、珠江流域的稳定发展(杨庆媛，2003)。

对喀斯特退化生态系统的研究，主要集中在喀斯特生态环境特点、喀斯特森林属性、群落学特征、种群生态及退化喀斯特森林自然恢复过程、土地退化及农业综合开发治理等方面，进行了大量的、相对独立的、专题性的研究，特别注重个体生态及退化群落的自然恢复研究，取得了丰硕的成果，积累了丰富的实践经验，并提出了一些喀斯特植被恢复的新理论，极大地充实了喀斯特恢复生态学等方面的内容(刘映良，2007)。为解决喀斯特石漠化和退化生态系统人地矛盾突出的问题，解决区域土壤问题是根本，土地是人类赖以生存的基础和根本，加强区域土壤侵蚀和土壤质量研究是关键，也是我国扶贫攻坚、生态恢复与重建的重点。基于此，本研究试图探讨以上喀斯特石漠化地区退化生态系统的土壤侵蚀和土壤质量问题，为喀斯特山区植被恢复提供科学的理论基础及实践经验。

1.1　我国喀斯特分布及石漠化现状

1.1.1　我国喀斯特主要分布区域及环境特征

1. 主要分布区域

"喀斯特"一词源于经典喀斯特地区：斯洛文尼亚和意大利东北部边界一带Istria 区到 Ljubljana 区，这个地区有不同的称呼：Kras(斯洛文尼亚人)、Carso(意大利人)、Karst(德语国家人)，其中 Kras 较流行。意大利的蒂里亚斯特(Trieste)属于其中的一部分，约 200 年前，此地是地形崎岖、石灰岩露头面上交错出现凹槽与尖锐突起、沟谷、洼地等遍布的碳酸盐岩裸露区，住在附近的人就把这个地区称为喀斯特，这是用此地的地表表象特征称呼这个地区，Karst 由此而成为一个地理名称(地区名称)。1781 年，B. Hacquet 把 Kras 解释为地区名称或一种石质、类似于阿拉伯地区的沙漠景观的名称；1830 年，F. Hohenwarth 用脚注形式解释了 Kras 为石质、无水、无林地面特征，并广泛分布在整个 Dinaric 地区(亚得里亚海东沿岸)。因此，这种地面特征决定了喀斯特的最初含义：石质、无水、无林、地表崎岖(Gams，1991)。

中国是喀斯特面积最大、分布最广的国家，境内碳酸盐岩类岩层纵横广，喀斯特现象普遍，类型繁多，形式多样，发育强烈，裸露面积为 90.7 万 km^2，接近全国国土面积的 1/10。西南喀斯特集中连片，地理坐标为 102°～111°E、23°～32°N，北起秦岭山脉以南，南至广西盆地，西始于云贵高原，东南抵达南岭山脉，主要分布在贵州、云南、广西、湖南、湖北、四川、重庆、广东地区，西南地区喀斯特总面积 42.62 万 km²，其中又以黔、滇、桂 3 省(区)最为集中，其裸露和覆盖的喀斯特面积达 32.06 万 km²，占 3 省(区)土地总面积的 39.71%(袁道先，1993)。其中，石漠化面积达 14 万 km²，横跨云贵高原和广西丘陵，是世界上三大喀斯特集中连片区域面积最大、发育最强烈的典型地区。岩溶分布县(市)：贵州 75 个，云南 60 个，广西 44 个，四川 35 个，湖南 11 个，湖北 8 个(李阳兵等，2002)。我国西南喀斯特地区也是集"老、少、边、山、穷"于一体，总人口近 1 亿，有壮族、苗族、布依族、侗族、瑶族、彝族等 31 个少数民族，少数民族人口在 4000 万以上，贫困人口相对集中(戴洪礼，2006)。

2. 环境总体特征

喀斯特环境系统的总体特征是：①地球表层的物质是可溶解的碳酸盐岩类，物质能量流动主要是碳和钙元素交换、贮存和转移的化学溶蚀动力过程；②形成的地域结构是地表、地下双层结构的二元三维空间地域；③环境系统是耗散结构开放系统(高贵龙等，2003)。整个环境系统在运动中形成一个复杂的、多相多层次的、高熵喀斯特环境界面，由于环境向生态系统输入的负熵流小，导致整个生态环境系统显示出稳定性差、变异敏感度高、抗干扰能力弱、异质性强、系统功能低下、环境生态容量低等一系列脆弱性本质特征(刘映良，2007)。如果人类不合理利用喀斯特环境，向环境系统输入负熵流，那么喀斯特环境潜在的脆弱性将因人类活动而被强化，进而导致生态系统的退化。

3. 喀斯特系统下的局部环境特征

生境泛指生物的个体或群落所在的具体地段环境。喀斯特系统内的局部环境一般为小生境，而小生境是小尺度的生境，其尺度的界限并没有公认的统一标准，小生境组合类型有土面-石面型、石面-土面型、石面-石缝型、石面-石沟型和石面型 5 种，以石面-石沟型和石面-土面型为主，小生境及其组合类型的分布与地形部位，主要小生境类型的分布格局随着取样面积增大，由均匀分布经随机分布变成集群分布(朱守谦等，2003)。我国从 20 世纪 60 年代开始，就对发育在各类碳酸盐岩上的喀斯特地貌的生境特征研究较多，揭示了喀斯特生境具有土被不连续、岩石裸露率高、土层浅薄、土壤富钙、偏碱性等特征(周政贤，1963)。朱守谦等(1993)研究发现，由纯质灰岩发育的喀斯特小生境类型，有石面、石缝、石沟、石洞、石坑、土面 6 种类型。喀斯特生境是由多种小生境类型镶嵌构成的复合体，其组合状况决定了该生境的生态有效性，小生境的多样性充分说明了喀斯特生境的异质性高，并与地形条件有密切关系，受到裸岩率和森林覆盖率的明显控制(屠玉麟，1997)。

4. 小气候特征

喀斯特系统生境的特殊性，造成了环境的光照、热量、水分等与其他系统存在较大差异，表现在这些生态因子的强度和变化进程不同，从而导致小生境间生态有效性各异。已有研究表明(朱守谦等，1993)：①无论晴天或阴天，土面、石面生境中光照强度最大，其次是石坑与石沟，而深宽比较大的石缝与石洞光照条件较差。②阴天不同小生境中土壤温度无明显差异，而晴天则差异较大。与光照条件的变化一样，以石面、土面生境的土壤温度最高，石沟、石坑生境次之，石洞与石缝的土壤温度最低，这是不同生境中接受太阳辐射的多少不同而造成的。③阴天不同小生境中相对湿度恒近，晴天则有明显差异。土面、石面的相对湿度最低，石缝与石洞的相对湿度最高，石沟与石坑居中。这种差异随连续晴天日数增加而变大。④雨后土面生境中土壤含水量最高，其次分别为石洞、石坑、石缝和石沟生境，石面生境中土壤含水量最低，由于各小生境中光照、热量条件不同，其土壤水分的丧失过程有很大差异。土面、石面小生境中土壤水分丧失率最高，石缝、石洞生境中最低，石沟与石坑生境居中。从地面温度来看，白天裸露石面温度较乔林、灌木林、草坡高，夜间则乔灌林、草坡高于石面。乔林最高地温比裸露石面低 10.1℃，最低地温比石面高 2.7℃，日较差比石面低 12.8℃。随演替程度加深，湿度增大，光照强度的日均总量及日振幅均显著降低(李援越等，1998；张邦锟等，2000)；反之湿度减小，光照升高。

5. 水分特征

水分是影响喀斯特植被生长的重要生态因子。李兴中和李双岱(1987)对喀斯特水文地质的研究表明：喀斯特具有独特的地质水文现象——喀斯特水赋存的二元结构，即在同一含水岩组之中，枯枝落叶垫积层充填的上层喀斯特裂隙孔隙水和下层喀斯特水并存；上层水流量小且动态较稳定，下层水流量大且动态变化也相对较大。水质类型为 $HCO_3^- $-$Ca^{2+}$、$Mg^{2+}$ 水及 $HCO_3^- $-$Ca^{2+}$ 水。喀斯特森林的持水性，及其对大气降水渗入补给在季节分配上趋于均衡的影响，致使地表水及地下水动态变化比较稳定。何纪星等(1997)对贵州中部的喀斯特森林 13 个树种水势变化研究发现，水势的日进程绝大多数是单峰型，也兼有极不典型的双峰型和相对典型的双峰型，年进程多为单峰型曲线；黔中喀斯特 10 个树种蒸腾强度的日进程以单峰型为多，少数有双峰型，日蒸腾量、年进程曲线都是单峰型，峰值出现在 5 月或 7 月，并按蒸腾耗水特性将它们划分为高峰强耗水型、中峰中耗水型、低峰中耗水型和低峰低耗水型 4 类；黔中喀斯特 21 个树种 PV 曲线，导出 8 个水分状况，并对它们的耐旱性作出评定；喀斯特 10 个代表树种进行适应类型和耐旱程度评定，共划出低输入低输出型、高输入高输出型、高输入中输出型、中输入低输出型和高输入低输出型 5 种，它们的耐旱程度依次递增。碳酸盐类岩石发育的石灰土，土壤含水量随降水量而变化，特别是表层(0~30cm)土壤含水量的年变化曲线与降水量年变化曲线高度吻合；一年中，表层土壤含水量呈较明显的干湿交替(朱守谦等，2003)。

6. 土壤特征

喀斯特山区的地表基质是石灰岩、白云岩等碳酸盐类岩，这些岩类主要由可溶性矿物组成，但也含有少量的酸性不溶物，这些不溶物经风化、溶蚀而残留下来，构成了喀斯特地区土壤的主要成分。由于土壤的物质来源少，再加上母岩风化、溶蚀的速率慢，使得喀斯特区土壤形成速度极慢。对成土速度的估算不尽相同。据袁道先(1988)研究发现，喀斯特地区形成 1cm 厚土层需 2500~8500 年。韦启番(1996)在排除成土过程中不断发生的化学的、物理的淋溶以及地表径流的常态侵蚀后，计算得出形成 1cm 厚土层需 1.3 万~3.2 万年。由此可知，喀斯特区生态环境一旦遭受破坏，其恢复将相当困难。因此，迅速遏制喀斯特区生态系统的退化，预防保护重于治理、改造，充分利用植物对环境的适应、改造能力，加快植被恢复速度非常关键。喀斯特森林生态系统内，石灰土、有机质含量十分丰富，全 P 较高，速效 P 中等，速效 K 丰富(张明和张凤海，1987)；随着喀斯特生态环境的逐步恶化，土壤的容重不断增加，总孔隙度、毛管孔隙度和非毛管孔隙度均有不同程度的下降，砂粒含量逐渐下降，粗粉粒和胶粒逐渐上升，全 N、有机质、腐殖质、阳离子交换量均有较大程度下降(杨胜天和朱启疆，1999)。可见，喀斯特地区严重的土壤侵蚀引起了土地极度退化，其最终结果就是石漠化。

1.1.2　喀斯特石漠化现状

1. 石漠化的本质

我国西南喀斯特地区生境严酷且脆弱。该地区的碳酸盐岩是中生代前形成的，结构致密，孔隙度很低(<3%)，纯质碳酸盐岩的酸不溶物含量很低，一般低于 4%，极不利于成土作用和植物的生长。在强烈的社会经济压力作用下，生态环境遭受严重破坏，植被锐减、水土流失、基岩裸露、土壤贫瘠，形成具有明显地域性的生态地质环境灾害——喀斯特石漠化。石漠化或称"石化""石山化""岩漠化"，是目前较认同的名词。对其概念也有较一致的理解，但在内涵上有所

不同，即广义的石漠化和狭义的石漠化(罗海波，2006)。

广义的石漠化是指以流水侵蚀作用为主的、包括多种地表物质组成的以类似荒漠化景观为标志的土地退化过程。包括：①主要发生在贵州高原和桂北地区丘陵的碳酸盐岩地区，因植被破坏、流水冲刷形成的"石山荒漠化"。②主要发生在四川紫色砂页岩地区，因岩性构造疏松、地表侵蚀严重形成基岩裸露的"石质坡地"。③发生在泥石流、滑坡等活动频繁的陡坡峡谷地区，形成以沙石堆积为主的"砾质荒漠化"。④发生在矿区，由于采矿、采石、采砂活动对地表的剥蚀及以废弃矿为主形成的碎石覆盖地。可以认为，广义石漠化实际上包括了大部分水蚀荒漠化的类型。由于地质条件、气候因素以及社会环境的差异，这些类型的石漠化有着不同的成因和形成过程，本质上有一定的差异(王德炉等，2004)。狭义的石漠化，是指在南方(特别是滇、黔、桂)湿润气候条件下，由碳酸盐岩(石灰岩、白云岩等)形成的喀斯特地区，由于植被破坏而引起水土流失导致的石质荒漠化。本书所研究的内容及后文所提到的"石漠化"均指此类(罗海波，2006)。

对于喀斯特石漠化准确的定义，不同学者给予了不同的描述。20 世纪 80 年代末到 90 年代初，部分科技工作者在水土保持工作研究中，提出了"石化""石山荒漠化""石质荒漠化"的概念，并特别强调石山荒漠化是水土流失的一个突出特点。袁道先(1997)采用石漠化(rock desertification)概念来表征植被、土壤覆盖的喀斯特地区转变为岩石裸露的喀斯特景观的过程，并指出石漠化是中国南方亚热带喀斯特地区严峻的生态问题，导致了喀斯特风化残积土的迅速贫瘠化，热带和亚热带地区喀斯特生态系统的脆弱性是石漠化的形成基础，人口压力、土地利用规划和实践的不合理、大气污染等人类活动触发了这一事件的所有过程。此外也有学者指出，石漠化是指在喀斯特的自然背景下，受人类活动干扰破坏造成土壤严重侵蚀、基岩大面积裸露、生产力下降的土地退化过程，所形成的土地称为石漠土地(屠玉麟，1997；王世杰，2000)。张殿发认为，石漠化是指在亚热带地区岩溶极其发育的自然环境背景下，受人为活动的干扰破坏，造成土壤严重侵蚀、基岩大面积出露、生产力严重下降的土地退化现象(张殿发等，2002)。喀斯特地区的森林植被一旦遭受破坏，不仅难以恢复，而且必然造成大量的水土流失、土层变薄、土地退化、基岩出露，形成奇特的石质荒漠化景观(王世杰，2000)。罗海波(2002)研究发现，喀斯特石漠化是指在喀斯特湿润气候条件下，由于人类的不合理活动超过了喀斯特生态的调节能力，使喀斯特植被遭受严重破坏，甚至植被消失，水土流失加剧，土地生产力降低，岩石大面积裸露的荒漠化景观。对于喀斯特的内涵较为普遍的表述是：由于喀斯特地区生态环境脆弱、森林植被的破坏、水土流失的加剧，导致了土地严重退化，形成基岩大面积裸露的现象称为石质荒漠化(简称石漠化)，或指石质山地水土剧烈流失的结果，主要指在喀斯特环境的自然背景下，受人为活动的干扰破坏，造成土壤严重侵蚀、基岩大面积裸露、土地退化、生产力下降的裸岩石砾地和石旮旯地（王世杰，2003）。

对于喀斯特石漠化的内涵，罗海波于 2006 年总结得出了以下 5 方面的内容（罗海波，2006）：①石漠化在南方湿润喀斯特区的形成，是以人为干扰破坏为主要原因和直接外动力，因此，其发展趋势取决于干扰的类型、强度和频度。恢复的难度和速度与石漠化的程度密切相关，石漠化程度越深，恢复难度越大。②石漠化是在人类发展的历史时期，特别是近半个世纪以来，人口的急剧增加和对资源的不合理开发利用的结果。喀斯特环境脆弱性为石漠化提供了自然基础。在脆弱的喀斯特环境基础上，以人为过度干扰（开垦、放牧、樵采、火烧等）为主要原因和外动力，在较大降水量和降水强度的诱发下，导致土壤不断侵蚀，是自然与人为因素共同作用的综合过程。③石漠化是指在我国南方湿润喀斯特地区。从理论上说，凡是具有碳酸盐岩大面积出露的地表，均有可能形成石漠化。④碳酸盐岩主要以纯质石灰岩和白云岩为典型代表。纯质石灰岩发育的喀斯特地貌以较陡峭的峰丛峰林为主，地表破碎程度和基岩裸露程度高，生境十分复杂多样。白云岩发育的喀斯特地貌多为馒头状或坟丘状较为平缓的丘陵山地，基岩裸露率低甚至不裸露，地表生境较单一，土被连续，土层较薄，受到强烈侵蚀后呈现出一种砾石堆积的地表景观。⑤石漠化本质是土地生产力的下降和丧失，其以植被的退化、土壤的流失、基岩的裸露及相应的生境变化为外部可识别特征。

2. 石漠化的分布

目前，喀斯特石漠化已成为影响我国南方社会经济和发展的主要环境灾害之一（周运超，2001；张红玉等，2015）。近年来，许多学者对南方部分地区喀斯特石漠化的分布、特点、成因、影响因素和治理方面进行了初步研究，得到了较为丰富的成果（Yuan，1997；苏维词，2002；Wang et al.，2004）。到目前为止还没有严格科学意义上的划分标准，也没有统一的石漠化评价指标体系。但无可否认的是，西南岩溶山地的石漠化程度已经相当严重。贵州喀斯特石漠化面积中度以上占到全省的 7.66%；广西石漠化加重的趋势仍未得到改变，仍以每年 3%～6% 的速度在发展；云南喀斯特主要分布在滇东区、滇西北区、澜沧江和怒江中段。石漠化土地主要分布在长江上游的金沙江、乌江流域和珠江上游的红水河、南北盘江、左江、右江流域以及国际河流红河、澜沧江、怒江流域。贵州是西南地区喀斯特最集中的地区，其强度石漠化集中分布于水城—安顺—惠水—平塘一线及其以南地区，中度石漠化和轻度石漠化也连片分布于这一线附近及其西南地区，在毕节地区和黔中分布也较广，在黔东北和黔北则为零星分布。初步的研究结果表明：贵州是西南岩溶石山地区石漠化分布面积最大的省份，面积达 3.6 万 km^2，占全省行政区面积的 20.40%，云南石漠化面积为 8470km^2，广西石漠化面积达

2.7万 km² (柴宗新，1989；包维楷和陈庆恒，1999；罗海波，2006；宋同清，2012；陈喜等，2014)。

3. 石漠化产生的原因

石漠化的发生过程实质上是土地的退化过程，是土地生产力的丧失过程，包括植被系统、土壤系统和环境系统三个子系统的退化。受干扰的植被系统发生退化过程中，土壤系统随之发生退化，并与植被系统的退化基本"同步"，植被系统和土壤系统退化超过一定的阈值后导致环境系统的退化。这种退化一旦发生，三者之间的因果关系便会发生变化，作为植被和土壤系统退化结果的环境系统退化，反作用于植被和土壤系统，引起二者进一步退化，形成一种相互循环、互相转化的正反馈机制。

石漠化是以脆弱的生态环境为背景，而不合理的人为活动又加速了这一进程，从喀斯特区域研究看，典型喀斯特区域存在由石漠化向顶极森林的正向演替，也存在由森林向石漠化的逆向演替，两者均以藤刺灌丛为中间环节，形成了两个演变系列时间并存、空间互补。有研究表明，在石漠化过程中，植被种类组成从高大乔木向典型小灌木退化，并随着环境干旱程度的加剧向旱生化演替，植被退化的趋势依次为次生乔林—乔灌林—灌木林或藤刺灌丛—稀灌草坡或草坡—稀树灌草丛，但优越的气候条件仍保持了区域内较高的物种多样性；在退化过程中群落的密度先增加后降低，群落的高度和盖度随环境退化降低明显，形成稀疏植被覆盖的荒漠景观；小生境的恶劣程度随暴露程度的增加而增加，随着石漠化的发展，土壤勃性增强，容重增加，孔隙度降低，坚实度加大，保蓄水肥能力和通透性降低，结构恶化；同时，侵蚀和淋溶程度加强，生物富集作用不断减弱，土壤有机质含量大大减少，引起土壤中主要化学成分的降低，使土壤肥力下降，生产力逐渐丧失 (王德炉，2003)。

在人为干扰没有超过植被系统的调节阈值时，喀斯特植被系统在顶极乔林群落阶段，系统具有较强的自我调节功能，保持了良好的森林生态系统环境，群落为喀斯特常绿落叶阔叶混交林，盖度极高，结构清晰，乔、灌、草及层间植物层次分化明显，有较高的物种丰富度与多样性。次生乔林是石漠化过程中植被退化的初期阶段。石漠化过程在植被景观上的形式表现为，喀斯特顶极植被在人为干扰下，部分顶极物种遭到破坏或消失，或当干扰减弱和停止时复生，部分新物种侵入，形成喀斯特次生乔林群落，成为石漠化发展初期阶段的典型植被。在人类持续干扰下，次生乔林群落向着乔灌过渡群落和灌木群落或藤刺灌丛群落退化，乔木树种逐渐退出；进一步退化使木本植物数量减少，草本植物增加，形成稀灌草坡或草坡群落，当强烈的干扰继续存在时，退化也继续进行，形成覆盖度极低的稀疏灌草丛 (罗海波，2006)。土壤系统随着植被系统的退化而退化，在初期表现为枯枝落叶和腐殖质的流失，中期为腐殖质层土壤物质及大量养分流失，末期为土体整体流失，形成基岩裸露或砾石堆积的类似荒漠化景观。

可见，石漠化的发生、发展过程实际上就是在脆弱的生态环境地质背景下，人为活动破坏生态平衡所导致的地表覆盖度降低的土壤侵蚀过程。表现为：人为扰动—林退、草毁—陡坡开荒—土壤侵蚀—石山、半石山裸露—土壤侵蚀—完全石漠的逆向发展模式。最终导致土壤质量下降，土地生物产量急剧降低，基岩大面积裸露具类似荒漠景观；石漠化过程以水土流失和旱涝频繁为其直接表现形式，土壤侵蚀是石漠化最直接的因素，土壤侵蚀的极端表现形式就是石漠化；因此，从本质上看，石漠化是一种土壤质量降低，土地退化过程。石漠化进程意味着土壤生存环境的丧失。

1.2　喀斯特退化生态系统的植被恢复研究

1.2.1　退化生态系统的特点

生态退化是目前全球所面临的主要环境问题之一，它不仅使自然资源日趋枯竭，生物多样性不断减少，而且还严重阻碍社会经济的持续发展，进而威胁人类的生存和发展，因此，生态退化已引起各国政府和学者的高度重视（刘映良，2007）。在一定的时空背景下，在自然因素、人为因素或二者共同作用下，导致生态要素和生态系统发生不利于人类和生物生存的量变和质变的过程或结果，具体表现为生态因子或生态系统的基本结构和功能的破坏或丧失，稳定性和抗逆能力减弱，系统生产力下降，导致生态退化（章家恩和徐琪，1997）。而退化生态系统主要体现为生态系统在自然或人为干扰下形成的偏离自然状态的系统，与自然系统相比，其种类组成、群落或系统结构改变，生物多样性减少，生物生产力降低，土壤和微环境恶化，生物间相互关系改变（Daily，1995；陈灵芝和陈伟烈，1995）。

1.2.2　喀斯特退化生态系统的植被恢复

1. 自然恢复演替过程

从群落数量特征的角度阐述喀斯特自然恢复过程，并指出自然恢复过程树种的分布格局可分为 3 种类型：一是相对重要值呈单调增加趋势，并在近顶极群落中达到最大；二是相对重要值呈单调减少趋势，有的在顶极群落中很少出现或不出现；三是相对重要值逐步增加又复降低呈钟形曲线分布或不规则分布(朱守谦等，2002)。退化喀斯特群落自然恢复演替过程视为群落结构、功能与顶极群落相比由低相似度向高相似度的发展过程，并采用有序样本的最优分割法将自然恢复演替过程划分为 6 个阶段，用连续带指数、直接梯度分析法构建了喀斯特群落恢复的演替系列(喻理飞等，1998；李援越等，2003)。

随着退化喀斯特群落的自然恢复，群落高度、盖度、显著度逐渐提高，而密度早期增大之后逐渐降低；群落生物量逐渐积累增大；萌生株数减少而实生株数增多；群落生境条件不断改善，由干旱瘠薄、变化剧烈向温、湿度变化缓和、养分提高的中生生境改变(李援越等，2003)。喀斯特适应等级种组分为先锋种、次先锋种、过渡种、次顶极种和顶极种 5 个(喻理飞等，2003)。在自然恢复技术方面，包括植被自然恢复地段选择，封育类型划分，并针对各种封育类型提出相应的人工促进植被自然恢复的措施，以及封育方式、林分保护、组织管理等(祝小科等，1998)。

2. 人工恢复注意事项

在林业上，树种选择通过种植试验，对参试树种进行适应性、抗逆性、生长量、生产力、生态效益、生理及形态解剖结构等方面综合评价，选出适应喀斯特生长的树种(陈强等，2001；常恩福等，2001)。人工造林技术从树种选择、林分结构配置、幼林抚育等技术实施，以提高喀斯特区造林的成活率和保存率(祝小科等，1999)。封山育林效果封山育林对促进喀斯特石质山地植被的恢复、防止面蚀、保持水土、减小地表径流、减少水土流失、提高林地土壤肥力都具有明显的作用(苏宗明等，1990)。立地条件将喀斯特石质山地造林困难地地段分为 16 个立地类型组，64 个立地类型，并将造林困难程度分为 5 个区，以此为岩溶宜林石质山地造林的宏观规划及造林技术提供依据(朱守谦等，1998)。生态重建退化喀斯特生态重建主要有以下途径(朱守谦等，2000；刘映良，2007)：一是退耕还林还草、封山育林恢复植被；二是利用工程与生物技术加强水土保持，改进耕作制度，提高土地生产力，减少水土流失；三是开发地方优势资源，发展生态产业；四是制定严格的政策和法规，切实保护好喀斯特地区现有的天然林；五是加强对喀斯特生态建设技术难点的科技攻关。另外，根据岩性、地貌类型及石漠化程度，可采取不同的具体措施(周政贤等，2002)。

1.3　喀斯特地区土壤侵蚀研究

土壤侵蚀(soil erosion)术语最初由 McGeeg 在 1911 年(Ellison，1944)以英

文提出，并出现在 1936 年 Ayres 出版的《土壤侵蚀及其防治》一书中，以其他语言出现则在 1937 年以后(Bennett，1939)。土壤侵蚀作为一门学科进行研究始于 19 世纪后期。土壤侵蚀是水力、风力、重力及其与人为活动的综合作用对土壤、地面组成物质的侵蚀破坏、分散、搬运和沉积的过程(黄河水土保持志，1993)。土壤侵蚀作为一种自然现象，是一种矛盾运动。外营力的搬运能力和土壤抵抗能力是矛盾运动内部对立着的两个方面，当外部搬运土壤能力大于土壤抗蚀能力时，就会发生侵蚀或流失。

喀斯特是一种具有特殊的物质、能量、结构和功能的生态系统，其特征是生态敏感度高、环境容量低、抗干扰能力弱、稳定性差。石漠化不仅使土地生产力下降，地表植被覆盖率锐减、水源涵养能力削弱、地表水源泉枯竭，在破坏了生态环境的同时，因土地资源的丧失、粮食减产，危及人类的生存。我国的石漠化区域主要分布在西南，贵州喀斯特石漠化面积中度以上占到全省的 7.66%；广西石漠化加重的趋势仍未得到改变；云南喀斯特主要分布在滇东区、滇西北区、澜沧江和怒江中段。

近十几年来，由于人口的快速增长，不断地开荒种地，破坏了原有植被，需千万年才能形成的瘠薄土层经风吹雨打迅速流失，最后地表只剩下不能种植任何植物的石块，也就是通常所说的石漠化。目前，石漠化以每年 3%～6% 的速度递增，人地矛盾日益尖锐，以土壤退化为主要特征的环境问题日益严峻。喀斯特石漠化不仅破坏生态环境，使土地生产力衰减，而且严重影响农、林、牧业生产，甚至危及人类生存，因此喀斯特石漠化已经成为制约中国西南地区可持续发展最严重的生态地质环境问题。我国"十一五"和"十二五"规划都把石漠化地区综合治理列为生态保护重点工程。

为此，本书通过对黔中和滇东喀斯特石漠化地区不同植被恢复模式(以裸地为对照)和岩性对土壤抗蚀抗冲性和土壤质量特征进行研究，探究不同植被模式和岩性对控制土壤退化的效果，探索合理的土地利用模式，以期为合理利用与保护喀斯特岩溶区土壤资源、防治石漠化和发展地区经济提供理论依据。因此，本研究具有重要的理论意义和现实意义。

1.3.1　土壤抗侵蚀性

土壤抗蚀性(soil anti-erodibility)和抗冲性(soil anti-scour)是鉴定土壤侵蚀作用强弱的两个主要参数，它与土壤的性质有关。20 世纪 50 年代后期，朱显谟发现在疏松黄土进行的水蚀常是分散和冲刷同时进行，且冲刷过程非常强烈，常常很大部分地掩盖分散的强度，随后于 1960 年提出抗冲性概念并将土壤的抗侵蚀力区分为抗蚀性和抗冲性。朱显谟认为，土壤抗蚀性是指土壤抵抗水的分散和悬移的能力，即土壤对侵蚀的易损性或敏感性的倒数(蒋定生，1997)；它是控制土壤承受降雨和径流分离及输移等过程的综合效应(阮伏水和吴雄海，1996)。国内外学者一直把土壤抗蚀性的研究作为水土保持学科研究的重要内容之一，并从不同角度对它进行了广泛、深入的研究，取得了许多研究成果。但由于土壤抗蚀性的大小除与土壤理化性质等内在因素有关外，还受土地利用状况等外部因素的影响。抗冲性表示土壤抵抗地表径流机械破坏和搬运的能力。此后，Ellison、Wischmeier 和 Meyer、Ovens 等学者(1969 年)也相应提出相似概念(郭培才和王佑民 1989)。他们认为，既然降雨侵蚀过程是由降雨雨滴的打击和径流的冲刷作用引起的，那么土壤的抗侵蚀能力应区分为抗溅蚀能力和抗冲刷能力来研究。

这一概念目前已被大多数学者所采纳。土壤的抗蚀性大小主要取决于土粒和水的亲和力(张立恭，1996)；亲和力越大，土壤越易分散和悬浮，结构体越容易受到破坏和解体，同时导致土壤透水性能降低和地表泥泞，在这种情况下，即使径流很小，机械破坏有限，因土壤微小颗粒悬浮也会发生侵蚀；土壤抗冲性主要取决于土粒间和微结构体间的胶结力。如果土壤颗粒间胶力很强，结构体大，结构体之间相互不易分离，则可以抵抗较强的冲刷作用。

土壤抗冲性主要取决于土壤抵抗径流推移的强弱，在冲刷过程中，土壤颗粒或土块不一定在水中分散和悬浮，但只要能被径流推动就可发生侵蚀。由此可见，土壤抗蚀性与抗冲性是两种不同的性能。抗蚀性与雨滴溅蚀和片蚀有密切关系，与其内在的理化性质关系较大，而抗冲性则与沟蚀关系密切，与土壤的物理性质和外在生物因素关系较大。因此，为了更好地揭示土壤侵蚀的内在规律，有必要将两者加以区分研究(蒋定生，1978；田积莹等，1964；刘秉正，1984；李勇等，1990)。

1.3.2　植被与土壤抗侵蚀性的关系

学者们普遍认为乔木层有削弱降雨动能的作用，但也有一些学者的试验反映了乔木层不能削弱降雨侵蚀动能的可能。有研究结果表明(党坤良和雷瑞德，1995)，当华山松林冠层上限超过 7m、降雨量大于 5mm 时，林冠层不能有效地削弱降雨动能。周国逸(2001)也有类似的结论。这些研究说明草本层与乔木层一样有截留降雨的作用，仅有乔木层而无良好的草本层和林下枯落物时，林地的土壤侵蚀量有增大的现象。国内外很多研究表明(Lebissonnais and Arrouyas，1997；余树全等，2003；张建军等，2004)，林分类型和林下植被盖度是影响土壤抗蚀性和抗冲性大小最为关键的因素。

不同植被条件下的土壤，土壤的抗侵蚀性能存在差异，荒地经植被恢复以后，原土地的生物量和生产力将得到提高，土壤理化性质趋于好转，水土保持能力增强，水土流失达到有效控制，土壤的温湿度条件改善。张凤洲(1995)认为，西北黄土性土壤膨胀系数较大，崩解较快，抗冲性较弱，如有植物在土壤上生长，其根系会固结土壤，可使抗冲性增强。刘国彬(1998)认为在植被恢复过程中，土壤抗冲性得到强化，在空间上，随着植被根系的发育，在土壤坡面垂直方向土壤抗冲性有所增强；在时间上，随着植被类型的演替土壤抗冲性逐渐增加。演替20年的草地抗冲性提高了10倍。土壤抗冲性与植被恢复年限、生物量呈显著正相关关系。余清珠等(1996)对半干旱黄土丘陵沟壑区人工混交林土壤的抗蚀性的研究表明，人工混交林比纯林有机质含量高38％，水稳性团粒含量高23％，土壤分散率混交林为84.5％，纯林为88.01％。常庆瑞等(1999)在黄土丘陵沟壑区研究表明，植被能明显改善生态环境，防止土地退化，提高土壤中有机质、速效氮、速效钾的含量，降低土壤pH和容重，快速显著增加土体中>0.25mm的水稳性团聚体的含量，改善土壤结构，提高协调供应养分和水分的能力，增强土壤的抗蚀性，有效地减少水土流失。Dexter(2001)对不同植被下土壤抗侵蚀性研究表明，不同植被条件下土壤的结构存在差异，导致土壤的抗侵蚀能力不同。张金池等(2001)对苏北海堤林地土壤抗冲性的调查研究发现，土壤的抗冲性与所长植被类型有密切关系。杨玉盛(2002)对紫色土地区不同土地利用方式下的土壤可蚀性的研究表明，不同土地利用方式下可蚀性大小排序为：光板地>桃园、混交林>草地>毛竹林、马尾松林。赵鸿雁(2003)认为枯枝落叶层能显著提高土壤的抗冲性，在坡度为25°、冲刷流量相当于暴雨强度(2mm/min)的条件下，有10cm厚枯枝落叶层覆盖地表，可以减少土壤冲刷量的90％，20cm厚枯枝落叶层则可以完全抑制土壤侵蚀。枯枝落叶层能有效地防止土壤的击溅侵蚀，15cm厚枯枝落叶层能减少土壤击溅侵蚀97.5％。张建军等(2004)认为在黄土区不同植被条件下的土壤抗冲性为：油松林地>刺槐林地>草地>道路边坡>农地，林草措施的抗冲效果与坡度密切相关；地被物对土壤抗冲性有显著影响，没有地被物的土壤抗冲性明显小于有地被物的土壤；植物根系对土壤抗冲性的影响与冲刷水流的流量密切相关，冲刷水流的流量较小时，根系对土壤抗冲性的改善效果更为突出。对小江流域土壤抗冲性进行测试研究结果表明(邹翔等，2004)，小江流域水稻土的抗冲性最大，棕壤其次，红壤、紫色土和褐红壤抗冲性最小；小江流域草地的抗冲性最大，耕地和灌丛地其次，裸坡最小。可见，植被类型的不同会在一定程度上影响土壤抗蚀性、抗冲性的强弱。唐金生和张如良(2005)对各林分根系的分布及对其土壤抗冲性进行了分析，得出各林分根系对土壤抗冲性的增强值随降雨强度的增大而减小，各林分根系对土壤抗冲性的增强值随土层深度的增加而减小，对土壤抗冲性的增强效应依次为毛竹林>柑橘林>杉木-南酸枣-木荷混交林>杉木林。王玉杰等(2006)通过对重庆缙云山四种典型林分(针阔叶混交林、阔叶林、楠竹林和灌木林)林地土壤的抗蚀抗冲特征研究表明，林地土壤抗蚀指数为农地土壤的 1.3～1.9 倍。各林分林地土壤抗蚀指数的顺序为：灌木林最大(78.4)，其次为混交林(63.1)和楠竹林(63.3)，阔叶林最小(53.3)。林地土壤抗冲系数为：常绿阔叶林最大(2.719)，其次为针阔混交林(2.431)和灌木林(2.024)，楠竹林地土壤抗冲系数最小(1.096)。除楠竹林外，各林分林地土壤抗冲系数大于农地(1.2～1.9 倍)。

不同植被条件下，植物的根系与土壤抗蚀抗冲性关系极为密切，根系的分泌物影响土壤中的微生物群落，从而改善土壤的理化性质(毛璀等，2006)。根系在土壤中的自然生长和穿插改变土壤结构，不仅能将土壤单粒固结起来，还能将板结密实的土体分散成小块，并在根系腐解和转化合成腐殖质以后，使土壤养分得到积累，从而使土壤的团聚体形成良好的具有大量孔隙的和不易破碎的结构。由于团聚体结构的形成和积累，使得土体疏松透水，一方面对于防止地面径流的发生具有重大意义，另一方面由于团聚体结构的土壤表面具有一定的糙率，增加了地面径流的障碍，阻缓径流的流速，在一定程度上防止了地面径流的进一步集中，而且也有效地防止了土壤被分散悬浮等侵蚀过程的发生和发展。

李勇等(1992)通过对油松人工林根系与土壤物理性质的关系研究，认为有效根密度(<1mm 的细根)与土壤物理性质的改善效应的关系最为密切，可明显提高土壤水稳性团粒，非毛管孔隙度，增加土壤有机质含量，降低土壤的坚实度和容重。赵新宇(2000)通过对林地的研究也得出了相似的结论，认为植物根系提高土壤抗侵蚀能力主要是通过根径小于 1mm 的根系发挥作用的。其机制是活根提供分泌物，死根提供有机质作为土壤团粒的胶结剂，配合根系的穿插、挤压和缠绕，使土壤中大粒级水稳性团聚体增加，改善了土壤团聚体结构，增加了抵抗雨滴击溅和径流冲刷对土粒分散、悬浮和运移的能力，从而提高了土壤抗冲击分散能力。吴淑安和蔡强国(1999)研究认为具有植物根系的土壤，其崩解速率远比少根或缺少根系的土壤慢。吕春娟等(2006)选取黄土区大型排土场不同复垦年限的植被作为研究对象，分析了陡坡地(36°～42°)3 种典型乔灌草植被根系的剖面分布特征及不同复垦年限(1～14 年)不同复垦模式植被根系对土壤抗蚀抗冲性的影响，土壤的抗蚀性指标和抗冲性指标都与根系密度在极显著水平上呈直线关系。周利军，等(2006)通过对三峡库区重庆缙云山四种典型林分(针阔叶混交林、阔叶林、楠竹林和灌木林)林地土壤的抗蚀抗冲特征研究表明，林地土壤抗蚀指数与其相关因子毛管孔隙度、稳渗率、<1mm 根长关系最密切。朱显谟在对野外进行了各种观测后，指出林冠长期被覆下的土壤，水稳性团聚体最高，透水速度也大，是强大水土保持功效的重要标志，乔灌密林根系固结土壤的作用最大，作物根系的作用最差，老耕地因为作物根系较少，固结作用也很差，同时作物种类不同，其固结能力也有明显的差别。

1.3.3　母岩特性与土壤抗侵蚀性的关系

　　不同岩石发育的成土母质不同，对土壤形成及发育的控制过程则不同，从而影响土壤的物理和化学性质，在土壤侵蚀过程中，土壤性质对土壤侵蚀的发生与强度都有重要的影响，则由不同母岩发育而来的土壤的抗蚀抗冲性必然存在一定的差异。不同的岩性抗风化的能力不同，而不同岩性发育的土壤具有不同的抗蚀性，从而使土壤具有不同的水土流失的潜在危险性。安和平（2000）分析了影响北盘江中游地区土壤抗蚀性的主要影响因素，对该区不同岩性发育的土壤抗蚀性进行比较，结果表明，>0.25mm 水稳性团聚体含量在岩性上反映的排序是石灰岩>粉砂岩>泥页岩>砂页岩>玄武岩>紫色砂页岩；并说明其差异主要表现在不同岩性发育土壤有机质的差别和颗粒组成上，尤其是石砾含量高低直接影响土体中有效土壤的多少，从而影响成土过程中的土壤结构状况；在岩性、土地利用类型、坡度级、土壤石砾含量、有机质与>0.25mm 水稳性团聚体含量组成的分析系统中，土壤石砾含量对>0.25mm 水稳性团聚体含量分别依次高于岩性、土壤有机质、坡度级和土地利用类型。因此，在北盘江中游地区，>0.25mm 水稳性团聚体含量是表征土壤抗蚀性的最佳指标；对易于造成水土流失的紫色砂页岩、玄武岩山地，合理利用山地资源显得更加重要。高华端（2003）通过对贵州岩溶地区水土流失的调查研究表明，碳酸盐岩石有成土速度慢、成土量小、地表径流不易形成、水土流失量小而流失隐患大的特点；碳酸盐岩石在水土流失方面的类型分异由含泥量决定，可分为纯灰岩、泥灰岩、纯白云岩及泥质白云岩 4 类。石灰岩类形成的土壤坚实度较为稳定，为 4.0~8.0；而白云岩类形成的土壤坚实度较不稳定，为 3.0~13.5。同时，断层构造、节理裂隙以及岩层与坡向的关系均对水土流失特征有明显的影响。王世杰等（2003）以 GIS 为分析手段，对贵州省石漠化分布图和地层岩性图进行了空间分析，探讨了各类岩性与不同级别石漠化之间的相关关系。石漠化与岩性具有明显的相关性，强度石漠化主要分布在纯质碳酸盐岩地区，尤其是纯质灰岩地区；中度石漠化在白石岩组合中的比例较灰岩组合中高；轻度石漠化在碳酸盐岩与碎屑岩夹层和互层中分布较广；石漠化与纯碳酸盐岩相关关系最明显。杨安学（2004）通过几种不同母岩发育的土壤团聚度的比较，找出不同母岩发育的土壤抗蚀性的强弱，采用多元回归统计方法，研究土壤的物理性质与土壤团聚度的关系，麻江县几种主要土壤的抗蚀性大小依次为：第四纪黏土>石灰土>二叠纪砂页岩以发育的土壤>志留纪砂页以发育的土壤>紫色土。王一峰等（2007）对长江中上游地区 9 省 50 个测试点的土壤抗冲性进行了野外测试，分析结果表明，土壤抗冲性随土壤类型变化由大到小依次为：红壤、黄壤、棕壤、石灰土、紫色土、褐土。抗冲性沿土壤剖面垂直变化规律分为

3 种类型：土壤质地主导型、农业耕作主导型、腐殖质层影响型，前一种抗冲性随土壤深度单调增加，后两种为抛物线形变化趋势。总之，不同岩性土壤的抗侵蚀能力研究相对较少。

1.3.4 土壤抗侵蚀性的评价指标方法

土壤抗蚀性和抗冲性作为土壤抗侵蚀强弱的两个主要参数，与土壤内在的物理和化学性质密切相关(Foster et al.，1979；Alex et al.，1999)。国内外研究者就是从这个角度入手，根据实验中所测得的特征指标(如土壤结构体的水稳性、土壤的某些理化性质及作物产量)来评价土壤侵蚀强弱，但这些间接特征指标必须通过函数关系才能转为直接评价侵蚀的数值(丁文峰等，2001；Lang et al.，1984)。

国内外许多土壤专家在对土壤的抗蚀性研究中，先后提出了很多指标(阮伏水等，1996；丁文峰等，2001；雷俊山等，2004；牛德奎等，2004)。在国外，Middleton(1930)根据试验结果，提出分散率(dispersion ratio)作为估价土壤的抗蚀性指标，即：分散率＝(水散性粉沙＋黏粒)/(总的粉沙＋黏粒)×100%，并指出一般易蚀土壤的分散率>15%，不易蚀土壤的分散率<15%。他还提出了侵蚀率(erosion ratio)概念，即：侵蚀率＝分散率/胶体含量×含水当量。Lutz(1934)提出，最细部分团聚体含量对土壤抗蚀性影响很大。Bouyoucos(1935)提出用黏粒率(clay ratio)作为土壤可抗蚀性的直接指标，即黏粒率＝(沙＋粉沙)/黏粒，黏粒率越小，土壤越不容易侵蚀；同时指出黏粒率测定快速、简便，可广泛应用。Anderson(1954)提出，团聚体表面率(surface-aggregation ratio)可作为土壤抗蚀性指标，其表达式为：团聚体表面率＝<0.05mm 颗粒表面积/(粉沙＋黏土)团聚体的表面积。Woodburn 和 Kozachyn(1956)提出>0.5mm 的水稳性团聚体含量可作为土壤可蚀性指标。Kazuhiko 等(1983)对暗色土的土壤可蚀性指标进行系统研究，结果表明，团聚体的稳定性、风干率和有机质含量都与土壤流失量呈负相关；黏粒率、分散率、侵蚀率及土壤 pH 则与土壤流失量呈正相关。在国内，朱显谟(1997)在区分土壤的抗蚀性和抗冲性时认为，土壤抗蚀性的大小取决于土壤的分散率、侵蚀率、分散系数、团聚度等，主要与土壤的黏粒、有机质含量、胶体性质有关。田积莹等(1964)利用分散率、侵蚀率、团聚度、结构系数等指标首次对甘肃东部子午岭地区进行土壤抗蚀性研究，认为这些指标均可作为评价土壤抗蚀性指标。高维森(1991)对黄土丘陵区 7 个不同类型土壤点的抗蚀性指标的测定分析表明，最佳土壤抗蚀性指标以>0.25mm 水稳性团聚体的含量为最好。郭培才等(1992)等对黄土区土壤进行研究得出，>0.25mm 风干土水稳性团聚体含量是反映土壤抗蚀性强弱的最佳指标，并将土壤抗蚀性强弱定量地分为极弱、弱、中、强、极强 5 个等级。胡建忠等(1998)对黄土高原沙棘人工林地土壤的抗蚀性指标的研究表明，反映黄土高原两大类型区沙棘人工林地土壤抗蚀性的最佳指标为>0.5mm 水稳性团聚体含量。史东梅等(2005)通过对马尾松林地土壤抗蚀性的研究认为，马尾松林地演变为具有复层结构的针阔混交林后，土壤物理性黏粒含量和粉粒含量有所提高，土壤表层黏粒含量和不同层次的砂粒含量降低；土壤容重减小，总孔隙度、毛管孔隙度和非毛管孔隙度有一定程度的提高，土壤自然含水量、饱和持水量和毛管持水量增大，林地土壤持水性和透水性得到了提高，土壤结构得到显著改善；林地土壤干筛团聚体以 5~2mm 大团聚体为主，湿筛团聚体则以 0.1~0.15mm 细团聚体为主。马尾松林地微团聚体变化的总趋势是>0.01mm 的粗粉沙粒级的大团聚体减少，而<0.01mm 的微团聚体含量增加，尤其是 0.005~0.01mm 的细粉沙粒级。

总之，土壤抗蚀性的评价指标有很多，我国学者在研究不同植被下的土壤的抗蚀性强弱时，以土壤有机质含量、团聚体含量以及以微团聚体含量为基础的各抗蚀性指标最为普遍。

土壤抗冲性研究在我国虽已有 50 余年的历史，但至今尚无一种规范化的测试方法以及定型的野外测试装置，目前主要有原装土冲刷、野外小区放水等方法。吴普特等(1993)首先使用这种方法进行了抗冲性测定，对野外实地进行小区放水，土壤不受扰动，而且地形和土壤受力都保持原有状态，但其需水量大，供水困难，如用消防车供水等，同时要求交通条件便利，而且费用要求太高。因此，目前使用较为普遍的是原状土抗冲槽冲刷法来测定土壤抗冲性，蒋定生、胡文忠、刘国彬等大多数专家学者采用此法，此法比抗冲仪测试更科学，而且测试方法简单易行。我国用于评价土壤抗冲性的指标主要有 7 种(胡良军等，2006)，其中一种为用每冲走单位干土重所需的水量和时间之乘积大小来描述，即土壤抗冲系数(L·min/g)，此指标由蒋定生提出和应用，从泥沙动力学的角度出发，推理比较严谨，物理意义明确，更加反映出土壤抗冲的内在机理，因此，本研究采用这一指标。

1.4　喀斯特地区土壤质量研究

土壤是人类赖以生存和发展的物质基础。土壤质量是由土壤的物理性状、化学性状和生物学性状 3 个方面共同决定的，土壤的物理性状、化学性状一直被认为是土壤质量的主要指示指标，但近年来发现，土壤的生物学性状对农作措施以及外界环境条件变化的反应比一般的理化性状更快、更灵敏(袁道先，1993)。土壤生物活性是了解土壤生物学过程的关键，任何土壤生物活性的改变都可能会影响到作物生产力的高低以及整个生态系统功能的发挥(王世杰和季宏兵，1999)。而且也已证明，土壤的物理性状、化学性状和生物学性状 3 个方面是相互影响、相互制约的，其中某一因素的变化也许会对另一因素产生显著的影响(王世杰等，2003)。土壤质量是土壤肥力质量、土壤环境质量和土壤健康质量三个既相对独立而又有机联系的组分之综合集成。土壤质量是土壤支持生物生产能力、净化环境能力和促进动植物和人类健康能力的集中体现，是现代土壤学研究的核心(罗海波，2006)。土壤质量的核心是土壤生产力，基础是土壤肥力，对植物而言，这种能力是指土壤稳、匀、足、适的供给植物生长发育所需的水、热、气、肥的能力(袁道先，1997)。土壤质量一旦降低，则将导致土壤退化，土壤退化是指各种自然，特别是人为因素影响下所发生的导致土壤农业生产能力或土地利用和环境调控能力下降，即土壤质量的持续下降甚至完全丧失的物理的、化学的或生物学的过程，包括过去的、现在的和将来的退化过程(中国荒漠化－土地退化防治研究课题组，1998)。

1.4.1　喀斯特土壤特点

喀斯特地区的大部分土壤以碳酸盐类岩(石灰岩和白云岩)为母质，母岩风化以化学溶蚀为主，除碳酸盐类矿物遭到强烈的化学溶蚀外，其余矿物尚未受到明显的化学风化；碳酸钙在成土过程中被不断地淋溶，但土体中仍残留有一定数量的碳酸钙，其量一般随剖面的深度而增加；石灰岩富含钙质，腐殖质较多地在土壤中积累。在中亚热带生物气候条件下，经过长期风化而成黑色石灰土。发育正常的土壤，其剖面土体构型为 A-B/C-R 型、A-R 型，表层 A 为腐殖质层或淋溶层，中间层 B 层是淀积层，下部 R 为母质层，喀斯特地区土－岩界面常不存在过渡结构，土层常缺乏 C 层过渡层，各层之间还存在一些过渡层段。土层浅薄且不连续，一般厚度为 30~50cm，土壤质地黏重，物理性黏粒含量高；土壤富钙和富盐基化，pH 为 6.5~8.5，呈中性至微碱性；由于碳酸盐岩的特殊理化特性及所形成的地貌特征，致使喀斯特地区土被不连续，岩石裸露率高，土层浅薄，持水量低，地表水缺乏；由白云岩发育的石灰土，土层极为浅薄，多半为半风化的白云岩碎石，石砾含量高，保水贮水性差，含水量极低，比石灰岩发育的区域环境条件更为恶劣，地表极为干旱、生态环境严酷(喻理飞，2002)。

喀斯特山地土壤的形成，深受碳酸盐岩母岩及长期喀斯特作用的影响，且具有独特的成壤过程。碳酸盐类岩石的溶蚀、风化剥蚀残余物，在成壤过程中，其碳酸盐盐基的积聚、淋溶反映了土壤发生过程中的区域性和地带性的特征。在南方亚热带和热带地区，由碳酸盐类岩石经溶蚀、风化剥蚀产生的残积物发育形成的土壤，考虑到成壤的地球化学环境背景，一般统称为石灰土土壤。由溶蚀作用所形成的微地形及局部低凹处(或洼地)有利于水分的滞留,且排水不畅,加之植被的枯枝落叶等物的积聚,使得土壤中腐殖化作用较强,腐殖质积累量高。所以,土壤中的矿物风化程度不高,云母类矿物脱钾作用不深,黏土矿物以伊利石为主,仅有少量蒙脱石和蛭石,黏粒的硅铝率高。在广西明江,黑色石灰土的平均 SiO_2/Al_2O_3 率为 2.27;云南墨江为 2.38;贵州茂兰的平均 SiO_2/Al_2O_3 率为 2.59。这些比率均说明黑色石灰土是最年轻的。如果排水状况变好,淋溶和氧化作用加强,黏土矿物进一步脱钾,云母类矿物分解,蒙脱石和高岭石增多,它可以向棕(褐)色石灰土演化。随着成壤作用的演变,土壤的酸度将逐渐提高,蒙脱石和蛭石将进一步风化淋溶而形成高岭石,棕色石灰土将演化为红色石灰土。此外,从地形地貌分布上看,棕色石灰土向红色石灰土的演变过程,还从侧面佐证了喀斯特地貌是由峰丛演化为峰林的渐变过程。

红色石灰土主要分布于喀斯特低山、略呈起伏的剥蚀阶地或夷平面、石芽平地和峰林平原区,处于湿热环境,流水淋溶作用强烈,脱钾脱硅的富铝化作用明显。黏土矿物除以高岭石为主外,仅有极少量的蒙脱石和蛭石,并出现有少量的赤铁矿和三水铝石。黏粒的硅铝率大大降低,为 1.3~1.5。在广西平乐红色石灰土平均 SiO_2/Al_2O_3 率为 1.4,云南红色石灰土为 1.44。所以,喀斯特地区红色石灰土的出现,表明经历了强烈的地表流水运积和淋积作用,同时也证明了由流水作用形成的峰林、孤峰平原喀斯特地貌与红色石灰土土壤的演化过程的一致性。碳酸盐岩风化成土作为一种重要的成土机制是客观存在的,而碳酸盐岩上覆红土的来源与地貌演化阶段、地貌部位、岩层组合、生物发育等密切相关,可以是残积型、坡积型、冲积型等异地堆积,生物作用成土,在某些岩溶盆地可能是以碎屑岩风化产物为主(刘济明,2000;刘映良和薛建辉,2005)。

1.4.2 喀斯特退化生态系统石漠化过程土壤质量变化

自 20 世纪 80 年代以来,由于土壤侵蚀、大气污染、不良耕作、过度放牧、土地开垦和森林破坏等,地球上 10%以上有植被覆盖的土壤生产力均发生了严重的退化现象。土壤退化和植被破坏一旦超过土壤生态系统的生态阈限,必然会导致土壤的生态退化。随着喀斯特地区地表植被的破坏,从森林—灌木林—灌丛—草地—裸荒地演替过程中,地处南方湿润多雨季节的喀斯特土壤,在雨季发生强烈的水土流失,致使土壤在原地保存的数量较少,大量土壤的流失致使岩石裸露,呈现出石质荒漠化的景观。

有研究表明(罗海波,2006),喀斯特石漠化地区土壤变化归纳为:

(1)由于喀斯特地区特有的双层地表形态结构,除土层自然侵蚀外,碳酸盐岩风化产物或地表原有的风化壳物质容易转入近地表的岩溶裂隙,或者通过落水洞将土壤流失于地下系统，从根本上制约了地表残余物质的长时间积累和风化壳的持续发展，使区域土层长期处于负增长状态，地表土壤的厚度降低，进一步发展使土被不连续，岩石裸露，出现类似荒漠化的景观。

（2）石漠化过程中，土壤的土体构型发生很大变化，向土壤剖面层次不明显方向发展，土层浅薄，基岩裸露，且化学淋溶作用强烈，上层土体中小于0.01mm物理黏粒容易发生垂直下移积累，造成喀斯特地区土体上松下紧，形成一个物理性状不同的界面；表层土壤颗粒砂化，地表土壤物质颗粒组成中细粒减少，粗大颗粒逐渐占据优势，在植被破坏严重的地区，地表甚至被大量石砾覆盖；严重石漠化地区土壤机械组成越来越粗，土壤具有典型的粗骨性土壤的特征。土壤矿质胶体缺乏，土壤团粒结构差，土壤结构性也变差；土壤中碳酸钙的含量逐渐增加，土壤碳酸钙在剖面的分布表现为由上到下逐渐升高，中下部出现聚集。

（3）喀斯特石漠化过程中，随着植物群落退化度的提高，土壤有机质含量急剧下降，植物可利用的养分含量减少，提高了石漠化对生态环境影响的潜能。随着植被覆盖率下降、土地垦殖率增加，引起土壤质量明显退化，加剧了石漠化发生的强度和速度。石漠化区土壤有机质、有效氮、磷、钾含量与植被覆盖率、土地复垦率有显著的相关性。随着石漠化的发展，土壤黏性增强，容重增加，孔隙度降低，结构恶化，同时，侵蚀和淋溶程度加强，生物富集作用减弱，土壤有机质减少，使土壤肥力下降，生产力逐渐丧失。土壤有机残体分解速度及腐殖质合成能力均有明显的下降，土壤中黏粒含量和土壤酸度降低。随退化程度加剧，土壤有机质和腐殖质数量减少。

（4）石漠化进程中，土壤微生物各主要生理类群均呈下降的趋势。喀斯特生境退化后，土壤微生物总数下降，主要微生物类群所占比例也有所变化，土壤微生物各主要生理类群数量明显减少，土壤酶活性、土壤呼吸作用强度减弱，土壤生化作用强度也呈降低趋势。土壤供肥能力降低。土壤中的一切生物化学反应都是在土壤酶的参与下进行的，所以土壤酶的活性反映了土壤中进行的各种生化过程的强度和方向。在喀斯特环境演替过程中（森林—灌木林—灌丛—草地—裸荒地），土壤有机残体分解速度及腐殖质再合成能力均有明显的下降，这与酶促作用底物浓度降低有关，因为随退化程度加剧，土壤中黏粒含量和土壤酸度降低，土壤微生物数量减少，这些变化均导致土壤酶活性减弱。

喀斯特地区土壤肥力在石漠化进程中迅速降低。自然土经过开垦后，在较短时间序列内表现为表层土壤有机质减少，土壤理化性质恶化，保水保肥能力和通透性降低；同时，土壤微生物区系分布失调，土壤微生物数量较低。土壤酶活性降低，土地生产力逐渐丧失。石漠化是一种与脆弱生态地质背景和人类活动相关联的土地退化过程。通过生物修复措施，能有效防止水分流失，增加土壤养分，增强土壤生物活性(苏维词和周济柞,1995;周游游等,2000;李瑞玲等,2003)。因此,所谓退化土壤的生物修复是根据土坡、生物与环境系统之间的相互适应性原理,根据生物自身的改土培肥作用,选择土坡生态适应性较强的生物(主要是植物),辅之以必要的工程、灌溉、施肥和耕作等措施,使已退化土壤的物理、化学和生物学特性逐步改善,植被逐渐恢复的过程。实质上是土壤质量提高、土壤生态系统向良性循环方向发展的过程,是退化土壤生态系统恢复与重建的基础。从土壤生态学角度看,生态恢复与重建是指从生态系统退化的类型、过程、退化程度和特性出发,对症下药,消除或避开系统退化的障碍因子,根据生物的土壤生态适宜性原理、生物的环境适应性原理、生物群落共生原理、种群相生相克原理以及生物多样性原理,遵循生态系统功能的地域性原则,适时适地适树(草)的配置生物系统,使之与土壤系统和环境系统协调发展,从而逐步构建成结构合理、功能协调良性循环的生态系统的过程,最终目标是建成结构合理、功能协调的生态系统。由于喀斯特石漠化的区域性,在地处南方湿润的气候背景下,喀斯特石漠化进程中,土壤水是喀斯特石漠化建设中的主要障碍因子。应该加强土壤生态系统退化过程中的土壤物理、土壤化学和生物学的研究。

1.4.3 喀斯特土壤质量评价

近年来,人们对土壤质量的认识进一步深化,土壤质量并不单纯局限于土壤的生产力,食物安全与质量、人类与动植物健康以及环境质量等问题也纳入了土壤质量的范畴。目前国际上比较通用的土壤质量概念(Islam and Well,2000),是由 Doran 和 Parkin(1994)从生产力、环境质量和动物健康三个角度定义的,土壤在生态系统中保持生物生产力、维持环境功能以及土壤功能能否最优发挥并将土壤功能概括为:①土壤中有机物质的再循环以及释放养分,合成新的有机物质;②拦蓄土壤表层流失和渗漏的雨水;③维持栖息地土壤孔隙大小、表层和水气相对压力的多样性;④保持栖息地的稳定性,抗风蚀、水蚀的能力和缓冲气温、湿度的急剧变化和有毒物质的能力;⑤养分和水分的贮存与缓慢释放;⑥能量在地表的分配。Doran 将土壤的主要功能概括为三个方面:一是生产力,即土壤提高植物和生物生产力的能力;二是环境质量,即土壤降低环境污染物和病菌损害的能力;三是动物健康,即土壤质量影响动植物和人类健康的能力。

通过分析各种土壤特性在土壤质量形成中的主次作用,选取有重要影响的指标,尤其是不要遗漏制约土壤生产力的主要指标。分析性指标是比较统一的量化指标,通常包括物理指标、化学指标和生物学指标,在土壤质量评价中需要根据不同的土壤、不同评价目的,按照上述原则对这些指标进行取舍组合。目前土壤评价指标包括土壤质地、土层和根系深度、土壤容重和渗透率、田间持水量、土壤持水特征、土壤含水量、土壤分散性、有机 C 和 N、矿化态的 N、P、K、pH、植物生长状况、土壤生物学特性等。国内外提出的土壤质量评价方法主要有以下几种：①多变量指标克立格法(Smith，1994)，利用多变量指标克立格法来评价土壤质量。②土壤质量动力学法，Larson 和 Pierce(1994)提出土壤质量的动力学方法，从数量和动力学特征上对土壤质量进行定量。③土壤质量综合评分法，Doran 和 Parkin(1994)提出土壤质量的综合评分法，将土壤质量评价细分为对 6 个特定的土壤质量元素的评价。④土壤相对质量法，通过引入相对土壤质量指数来评价土壤质量的变化。

1.5　研究的目的及意义

　　土壤是地球表层重要的环境要素之一，它既是环境物质的输出源，也是环境物质的接收载休，因此，土壤在地表环境演化过程中起着至关重要的作用。一方面，土壤作为森林生态系统的组成成分和物质基础(Jenny，1980)，为森林的生长发育、繁衍生息提供了必需的环境条件，调节着系统内外物质的重新分配，对水分起着环境过滤器的作用。土壤已不仅被当作植物生长所需的一种介质，同时也被看作水分储存与分配、转换温室效应气体和改善全球变化的一种重要因素。另一方面，土壤又是不可缺少的重要资源，它为人类生存提供大量的食物和纤维，是人类生存与发展的重要物质基础之一。土壤作为受人类强烈干扰的地球表层物质，本身具备固有的复杂性，在人类活动的影响下水土流失加剧。

　　土壤侵蚀是全球性的主要环境问题之一。据估算全球水土流失面积约 $16.43\times10^6 km^2$，占地表总面积的 10.95%。土壤侵蚀产生了 3 个方面的严重后果(Dexter，2001)：一是因为肥沃表土的冲刷，导致土壤退化、土地生产能力的降低，影响当地农业生产和食物安全。二是随径流泥沙运移的污染物质对异地(侵蚀区的相邻地区，包括位于侵蚀流域的下游地区、湖泊和近海地区)生态、环境、人类生存和社会经济发展带来严重影响。三是土壤有机碳的含量、组分会因为土壤侵蚀和泥沙搬运而产生较大变化，进而与全球生源要素(C、N、P、S)循环乃至全球气候变化均有着紧密联系。截至目前，我国仍有近 200 万 km^2 侵蚀土壤需要治理，工业化、城市化、西部大开发等大规模的基础设施建设还正在难以避免地产生新的土壤侵蚀。中国因土壤侵蚀造成的经济损失每年在 100 亿元以上。由于土壤侵蚀是世界性的环境问题，影响到全球粮食供应和生态安全等。所以，将土壤侵蚀、土壤保持与全球环境变化相联系已成为各国政府官员和科学家共同关注的热点问题。

　　土壤侵蚀过程发生在陆地表面各圈层相互作用最为强烈的地区。喀斯特地区的岩石种类主要是以石灰岩和白云岩为主的碳酸盐岩类。这种岩石的性质决定了喀斯特地区土壤环境状况，如土层浅薄、成土速率低、植被生长困难等（韦启幡，1996）。因为碳酸盐岩石在受水溶蚀的情况下，固体物质中的钙、镁都易随水流失，单位重量的碳酸盐岩石的成土量较其他类型的岩石低得多，碳酸盐岩强烈的化学溶蚀、淋滤作用，造成土层系统的特殊物理构造，导致土层与基岩之间附着力小、土层上部质地松软、下部质地较黏，故极易造成水土流失和土壤有机质的氧化分解。因此，喀斯特地区的土层厚度一般较薄，与砂页岩、玄武岩、第四纪等母岩上发育的土壤的土层厚度相比差距悬殊，更无法与黄土高原的土层厚度相比，易发生土壤侵蚀。而中国地处世界三大连片喀斯特发育区之一的东亚片区中心（林昌虎和朱安国，1999），喀斯特地区通常都会发生土壤侵蚀，土壤侵蚀面积高达 70％以上，从侵蚀面积看，轻度侵蚀约占 20％，中度侵蚀约占 30％，重度与剧烈侵蚀的面积高达 40％以上。喀斯特区域的土壤侵蚀与自然条件、植被条件、岩性以及人为因素有着密切关系。不同的成土母岩发育形成不同的土壤，从而影响土壤的物理和化学性质，因此土壤的侵蚀程度也是不同的。喀斯特地区特殊的地质、地貌与降水，使该区域成为土壤侵蚀严重、生态环境恶化的地区。地形复杂多样，主要是高山和丘陵，风化和沉积在土壤形成过程中起决定性作用。岩石是多样的，发育形成了不同类型的土壤，土壤性质与母岩有着非常密切的关系。

喀斯特地区特殊的地质和自然地理条件决定了其土地资源类型及其分布规律，喀斯特地貌广布，山地、丘陵面积大而平地少，可利用的土地面积所占比重更小。巨大且不断增长的人口超出了土地的承载力，不合理的土地利用使土壤遭受侵蚀，土地退化，基岩大面积裸露形成类似荒漠化景观（周运超等，2005），即石漠化。从石漠化分布的区域看，几乎都集中在碳酸盐岩地区，喀斯特地区植被受碳酸盐岩岩性特征的影响，具有石生、旱生、喜钙特点，生物生长慢，森林植被覆盖率较低，通常低于非喀斯特地区，植被一旦遭到破坏，浅薄的土层在遇上暴雨时极易受到水蚀和雨水的冲刷产生块体滑动，引起水土流失，容易逐渐导致石漠化。由于植被因素与成土母岩性质与土壤侵蚀有十分密切的关系，所以在喀斯特地区研究不同植被下和不同岩性的土壤抗蚀抗冲性有重要意义。同时对解决喀斯特区域的土壤匮乏、发展农业生产、改善生态环境也有十分重要的意义。

第2章　研究区域概况

2.1　贵州中部研究区概况

研究区位于贵州中部地区的贵阳市，地处东经 106°27′ 至 106°52′ 和北纬 26°11′ 至 26°34′ 之间，南北长 45km，东西宽约 43km，面积 957.6km²，地处云贵高原苗岭山脉中段，位于长江水系乌江与珠江水系西江的分水岭地带，海拔 1030～1326m，以中低山丘陵、盆地、河谷为主。

2.1.1　自然概况

1. 地质与地貌

研究区地处云贵高原苗岭山脉中段，位于长江水系乌江与珠江水系西江的分水岭地带，海拔 1030～1326m，地貌以中低山丘陵、盆地、河谷为主。区内以广泛出露二叠系、三叠系石灰岩、灰质白云岩、白云岩及砂页岩为主要特征，地质构造与现代地貌作用形成背斜成山、向斜成谷的地形特点。

本区属于中度侵蚀区，侵蚀模数多在 100～200t/(a·km²)，水土流失面积大都在 10%～20%(中国科学院南土所，2005)，主要有石灰岩、灰质白云岩、白云岩、砂页岩等；区内除个别构造山体和深切河谷外，地势起伏不大，为石灰岩和砂页岩中山的丘陵(坡度一般为 20°～30°)和老风化壳缓丘地形(坡度一般为 10°～15°)。

2. 气候特征

贵州省贵阳市处于费德尔环流圈，常年受西风带控制，属于亚热带湿润温和型气候，年平均气温为 15.3℃，年极端最高温度为 35.1℃，年极端最低温度为 -7.3℃，年平均相对湿度为 77%，年平均总降水量为 1129.5mm，年雷电日数平均为 49.1 天，年平均阴天日数为 235.1 天，年平均日照时数为 1148.3h，年降雪日数少，平均仅为 11.3 天。夏无酷暑，夏季平均温度为 23.2℃，最高温度平均 25～28℃，在最热的 7 月下旬，平均气温也仅为 23.7℃，全年最高温度高于 30℃ 的日数少，近五年平均仅为 35.8 天，大于 35℃ 的天数仅为 0.3 天；紫外线强度仅在中午很短的时间内达到 4 级，其余时间均为弱或很弱；夏季雨水充沛，降水量约 500mm，夜间降水量占全年降水量的 70%。贵阳冬无严寒，最冷一月上旬，平均气温为 4.6℃。如 2016 年，全年平均气温 15.3℃，极端最高气温 33.7℃，极端最低气温零下 4.8℃。全年平均相对湿度 80%，总降水量 1046mm，日照时数 1160h。

研究区域位于花溪区，地处云贵高原斜坡上，是冬夏季风必经之地，属亚热带季风湿润气候，气候具备明显的高原气候特点，冬无严寒，夏无酷暑，春秋气候多变。全区常年平均气温 14～16℃，最冷月均温 3～5℃，最热月均温 23～26℃，降雨量充沛，年降雨量为 1100～1200mm，部分地区达到 1300mm，但降雨量相对集中，夏秋降雨量占全年降雨量的 78%，全年阴雨的天数较多，丰水期和枯水期相差较大。

3. 水文特征

贵阳处于长江水系与珠江水系的分水岭地带。以花溪区桐木岭为界，桐木岭以南的河流属珠江水系，以北的河流属长江水系。贵阳市域境内 10km 以上河流共 98 条，其中长江流域 90 条，珠江流域 8 条，主要河流有长江水系的乌江、南明河、猫跳河、鸭池河、暗流河、鱼梁河、谷撒河、息烽河、洋水河以及珠江水系的蒙江。

4. 土壤特征

境内土壤以酸性黄壤为主，与石灰岩、白云岩、砂岩、页岩等交错分布。形成酸性土壤，也发育有各种酸性土壤植物群落。全区土壤多数为酸性黄壤土和石灰土，另外还有紫色土及一小部分水稻土等。全区地带性土壤为黄壤，在土壤分布和组合上，比较单一，只有受母岩性质影响较深的石灰土和紫色土与黄壤呈复区分布。除石灰土外大多呈酸性反应，土壤质地一般比较黏重（戴洪礼，2006），黄壤土虽深厚，但质地黏重，结构差，土壤养分较低。纯质石灰岩为强可溶性碳酸盐类岩，风化过程以溶蚀作用为主，残留物少，土层较薄，但质地黏重，含钙丰富，多发育为黑色石灰土。白云岩、灰质白云岩为弱可溶性碳酸盐类岩，母岩风化物在成土过程中虽有钙的淋溶，但也常受母岩中钙的补充。白云岩发育土壤透水性好，灰质白云岩发育土壤较深厚，黏粒含量高而质地重，透水性差些。

紫色岩易于风化，其风化物的质地因岩性的不同而有差别。紫色砂岩风化物含石英颗粒多，质地轻些，易于通透，土壤易受淋洗，矿质养分少；紫色页岩风化物质地则偏黏，矿质养分一般较丰富，虽然紫色岩系的风化物，在良好森林植被和侵蚀不明显的情况下，可发育为地带性土壤，但其近代残积、坡积物仍保持母岩颜色，形成紫色土。

5. 植被特征

本区地带性植被为常绿阔叶林，随着海拔的升高也有常绿、落叶阔叶混交林，代表树种有青冈栎（*Cyclobalanopsis glauca*）、细叶青冈（*Cyclobalanopsis myrsinaefolia*）、栲树（*Castanopsis fargesii*）、木莲（*Manglietia fordiana*）、檫木（*Sassafras tzumu*）、光皮桦（*Betula luminifera*）、山毛榉（*Fagus sylvatica*）、椴树（*Tilia tuan Szyszyl*）和枫香（*Liquidambar formosana*）等。林下一般湿度较大，常有苔藓繁生，但目前原生植被除在一部分山地尚保存外，大多遭受到不同程度的破坏，仅见次生植被，如稀疏马尾松（*Pinus massoniana*）林、杉木（*Cunninghamia lanceolata*）林、栎类以及灌丛草坡等。石灰岩地区除存有少数柏木（*Cupressus funebris*）疏林外，大多已沦为以小果蔷薇（*Rosa cymosa* Tratt）、黄荆（*Vitex negundo*）、马桑（*Coriaria sinica* Maxim）等为主的藤荆散生灌丛或稀树灌丛或草地，并有相当面积的石质山地，主要植被类见表 2-1。

表 2-1　样地基本概况

样地区域	植被类型	主要植被概况	海拔/m
纯质石灰岩	阔叶林	栲树、枫香、构树（*Broussonetia papyrifera*）、化香（*Platycaryastrobilacea* Sieb）、青冈栎等	1120
	灌木林	火棘（*Pyracantha fortuneana*）、小果蔷薇、竹叶椒（*Zanthoxylum planispinum*）、黄荆、中华绣线菊（*Spiraea chinensis Maxim*）、飞龙掌血（*Toddalia asiatica*）等	1090
	草坡	蕨类、黄花（*Artemisia annua* L.）、蝴蝶花（*Hedychium coronarium*）、野筒蒿等	1040
灰质白云岩	阔叶林	响叶杨（*Populus adenopoda*）、化香、木莲、木荷（*Schima superba*）、朴树（*Celtis sinesis* Pers）等	1200
	灌木林	马桑、火棘、山荆子（*Malus baccata*）、菝葜（*Smilax glauco-china* Warb）等	1110
	草坡	白茅（*Imperata cylindrica* Beauv. var. *major*）、艾蒿（*Artemisia vulgaris* Variegate）、五节芒（*Miscanthus floridulus*）等	1100
白云岩	阔叶林	鹅耳枥（*Carpinus spp*）、化香、栲树、刺楸（*Kalopanax septemlobus*）、云南樟（*Cinnamomum glanduliferum*）等	1035
	针叶林	柏木（*Cupressus funebris*）、杉木（*Cunninghamia lanceolata*）	1020
	灌木林	黄荆、小果蔷薇、火棘、野胡椒（*zanthoxylum schinifolium*）等	1050
	草坡	白茅、荩草（*Arthraxon hispidus*）、黄背草（*Themeda triandra* Forsk）、委陵菜（*Potentilla chinensis*）、羊胡子草（*Carex rigescens*）等	1100

续表

样地区域	植被类型	主要植被概况	海拔/m
长石石英砂岩	灌木林	细刺鼠李（*Lilium brownii*）、野蔷薇（*Rose multiflora*）、山莓（*Sibbaldia procumbens* Linn）等	1075
紫色砂岩	灌木林	野蔷薇、老虎刺（*Ilex cornuta*）、省梅藤（*Hedge Sageretia*）、三叶五加（*Acanthopanax trifoliatus*）等	1060
紫色页岩	灌木林	小果蔷薇、鼠李（*Rhamnus davurica* Pall）、金樱子（*Rosa laevigata*）等	1055

6. 自然资源

1）土地资源

贵阳全市土地总面积 804 667hm²。其中，耕地 271 941hm²，占土地总面积的 33.8%；园地 7452hm²，占 0.93%；林地 273 653hm²，占 34.01%，森林覆盖率 39.19%；牧草地 26 670hm²，占 3.31%；水面 15 419hm²，占 1.92%（坑塘水面 1213hm²，养殖水面 223hm²，水库水面 9477hm²，河流水面 4490hm²，湖泊水面 16hm²）；建设用地（含居民点及工矿用地、交通用地和水利设施）63 017hm²，占 7.83%；未利用地 113 163hm²（其中荒草地 36 278hm²，裸岩石砾地 71 462hm²，田土坎 41 294hm²，裸土地 615hm²，滩涂 267hm²），占 14.06%。

2）生物资源

贵阳境内地带性植被为中亚热带湿润性常绿阔叶林，城区原生植被已被完全破坏。以壳斗科、樟科、山茶科为主的阔叶林，在乌当区百宜乡、花溪区高坡苗族自治乡等远郊区及 3 县 1 市边远深山尚有小面积残存。贵阳境内有普通无脊椎动物 7 个门类，100 余种；脊椎动物 202 种（亚种），其中鱼纲 50 种，两栖纲 11 种，爬行纲 15 种，鸟纲 85（亚种）种，哺乳纲（亚种）41 种。20 世纪 60 年代以后，各类动物急剧减少。贵阳市远郊和 3 县 1 市深山中尚存少量国家各级保护动物。计有大鲵、鸳鸯、红腹锦鸡、穿山甲、八哥（鹩哥）、林麝、猕猴等及多种蛇类、蜥蜴类动物。境内苔藓植物有 128 种，分属 42 科，80 属。蕨类植物有 23 科，37 属，63 种，其中绝大多数可以入药。紫箕、蕨菜的嫩芽可以做菜，根中的淀粉是珍贵的保健食品。种子植物有 316 种，分属 87 科，187 属，常见的用材植物有马尾松、杉木、柏树、侧柏和各种栎树等，珍稀树种有青岩油杉、南方铁杉、云贵鹅耳枥等数十种。药用贵重品种有厚朴、杜仲、黄柏等。此外，还有多种油脂植物和芳香植物。比较珍稀的观赏树有南方红豆杉等。各种可药用的草本植物有 127 科，近 700 种。20 世纪 60 年代在城内山上即可采集到多种药用木本、草本植物。2016 年，森林覆盖率达到 46.5%。有森林公园 11 个，其中国家级 1 个，省级 10 个。

3）水资源

贵阳市水资源主要源于天然雨，全市年天然径流 546～640mm，平均每平方公里产水 56.3 万 m³，水资源总量为 53.4 亿 m³，占全省水资源总量的 3.9%。

4）矿产资源

贵阳市的主要矿产有煤、铝土矿、磷矿、硫铁矿、水晶、石英砂岩、石灰岩、白云岩、重晶石、石膏和铅锌矿等 20 余种。其中铝土矿和磷矿在国内占有很重要的地位。铝土矿、磷矿是贵阳地区优势矿产，其他如重晶石、水晶、石英砂等有较大开发前景。截至 2016 年，全市已探明矿种 52 种，主要有煤、铁、硅、重晶石、大理石、耐火黏土、铝矾土、磷、硫、汞等矿产资源。铝土矿保有储量 3.01 亿 t，占全国的五分之一，矿床主要集中在修文县和清镇市，有特大型、大型、中型矿床 9 个，其中，清镇市猫场铝土矿储量 1.5 亿 t，为国内著名特大型铝土矿。铝矿品位高，三氧化二铝含量平均在 70% 左右，铁含量平均小于 5%，铝、硅比平均为 7.87。磷矿 4.64 亿 t，是全国三大磷矿基地之一，全国 70% 的优质磷矿集中在贵阳。煤炭储量 9 亿 t，"一市三县"及 3 个郊区均有分布；铁矿 2396 万 t，硫铁矿 2878 万 t，汞（金属量）2683t。

2.1.2　人文和社会经济状况

1. 人文状况

贵阳市是一个多民族杂居的城市，汉族人口占大多数，布依族次之，苗族人口居贵阳第三位，除此之外，还有回族、侗族、彝族、壮族等 20 多个少数民族。2016 年，贵阳年末常住人口 469.68 万人，年平均人口 465.93 万人。年出生率 11.05‰，死亡率 5.20‰，自然增长率 5.85‰，城镇化率达 74.16%。

2. 社会经济

2016 年，贵阳实现生产总值 3157.70 亿元，比 2015 年增长 11.7%。第一产业增加值 137.14 亿元，比 2015 年增长 5.9%；第二产业增加值 1218.79 亿元，比 2015 年增长 12.1%；第三产业增加值 1801.77 亿元，比 2015 年增长 11.9%。人均生产总值 67771 元，比 2015 年增长 10.1%。截至 2016 年，贵阳有自来水厂 8 个，自来水综合生产能力 134.50 万 m³/d，供水管道长度达 3850.23km。全年供水总量 29 727.09 万 m³，售水总量 26 294.10 万 m³，其中公共服务用水 6210.97 万 m³，居民家庭用水 15 961.88 万 m³。2016 年，贵阳天然气供气总量 24 903 万 m³，比 2015 年增长 21.5%。其中家庭用量 9854 万 m³，比 2015 年增长 13.8%。用天然气户数 89.27 万户，其中家庭用户 88.78 万户，比 2015 年增长 20.2%。使用天然气人口 252.14 万人。截至 2016 年，贵阳有 22 个污水处理厂，处理能力 110 万 t/d，其中市区污水处理厂 11 座，市区污水处理能力 100 万 t/d，市区排水管道长度 3423.81km。2016 年，贵阳市建成区新增绿地面积 649 万 m²，建成区绿化覆盖率为 40.74%，人均公共绿地面积达 12.86m²。

第一产业中，有肉、禽、蛋、奶、蔬、果、药、茶八大农业特色产业，以精品水果、特色养殖、中药材、茶叶、蔬菜、肉鸡等为农业主导产业。第二产业优势产业为磷煤化工、航空制造、电子信息、生物医药等，有装备制造产业、材料产业、信息产业、健康产业四大产业集群，以钢铁、有色、化工为代表的原材料工业，以烟酒、医药、特色食品为代表的轻工业，以矿山机械、交通设备、航空航天部件为代表的装备制造业，以电子信息、高端制造和新材料为代表的战略性新兴产业均实现较快增长。2016 年，贵阳规模以上工业增加值 780.82 亿元，第三产业中以旅游业为支撑点，区域内旅游资源丰富多彩，是贵州省的金融及商贸旅游服务中心。2016 年，贵阳旅游总人数 11091.79 万人次，比 2015 年增长 31.0%，其中接待国内游客 11 073.42 万人次，接待外国（海外）游客 17.52 万人次。旅游总收入 1389.51 亿元，比 2015 年增长 33.5%，其中旅游外汇收入达 7902.86 万美元。

2.2　云南东部研究区概况

本研究区位于云南省东部地区的曲靖市，曲靖市地处 102°42′E 至 104°50′E 和 24°19′N 至 27°03′N 之间。东与贵州省六盘水市、兴义市和广西壮族自治区隆林县毗邻，西与昆明市嵩明县、寻甸县、东川区接壤，南与文山州丘北县、红河州泸西县及昆明市石林县、宜良县相连，北与昭通市巧家县、鲁甸县及贵州省威宁县交界。市境东西最大横距 103km，南北最大纵距 302km。总面积 2.89 万 km²，占云南省面积的 13.63%。距省会昆明市 120km，素有"滇黔锁钥""云南咽喉"之称。本研究区为曲靖市内典型的喀斯特地貌分布区，石漠化土地较多，水土流失严重，石漠化面积占全区的 17.23%，占全区喀斯特地貌面积的 27.45%。其中，轻度石漠化占全区面积的 10.04%，中度占 16.51%，强度占 1.84%，极强度占 0.94%。区域内主要以中轻度石漠化为主。

2.2.1　自然概况

1. 地质与地貌

曲靖市地处云贵高原中部滇东高原向黔西高原过渡地带的乌蒙山脉，西与滇中高原湖盆地区紧紧相嵌，东部逐步向贵州高原倾斜过渡，中部为长江、珠江两大水系分水岭地带，高原面保存较好，形态完整，东南部具有典型的岩溶丘原景观。市境属扬子地台的滇东褶皱带，地势西北高，东南低。最高点在会泽县大海梁子牯牛寨，海拔 4017.3m，系乌蒙山脉主峰；最低点在会泽县娜姑镇王家山象鼻岭小江与金沙江汇合处，海拔 695m，相对高差 3322.3m。市政府所在地海拔 1881m。市境地貌以高原山地为主，间有高原盆地，高山、中山、低山、河槽和湖盆多种地貌并存。

境内山岭河谷相间交错，地质构造复杂，地层发育较为齐全，碳酸盐岩石分布广、面积大，多溶洞和岩溶地貌，山脉有乌蒙山系和梁王山系，多呈北东—南北向或近南北向，大致可分为西列、中列和东列 3 个平行岭脊。境内多为高原山地，有万亩以上的坝子 34 个，其中陆良坝子 771.99km²，为全省第一大坝子；曲沾坝子面积 435.82km²，为全省第四大坝子。

2. 气候特征

区域主要为亚热带高原季风气候。一般具有冬春光照条件较好，春温不稳，风高物燥，降水不均；夏无酷暑，降水集中，涝旱兼有，风和日丽；秋季降温快，阴雨多；冬暖冬干，寒潮降温的气候特点，具有"一山分四季，十里不同天"的立体气候。多年平均气温 14.5℃。2011 年，曲靖市遭遇自 1961 年以来最严重的春、夏、初秋连旱，全年各县(市)区平均气温 14.12℃，其中，麒麟区、陆良县并列最高，为 15.1℃；富源县最低，为 13.0℃；平均降水量 592.1mm，其中罗平县最多 1027.1mm，马龙县最低 417.0mm；平均日照时数 1998.12h，其中会泽县最多，为 2471.2h；罗平县最少，为 1546.2h。2013 年平均气温 14.8℃，年均积温 5402℃，年均日照时数 2093h。

3. 水文特征

地处长江、珠江两大水系的分水岭地带，山高谷深，断裂、河曲发育，流域面积 100km² 以上的河流有 80 多条，以南盘江、北盘江、牛栏江、黄泥河、以礼河、块择河、小江等为主要干流，分属长江和珠江两大水系。

4. 土壤特征

境内土壤类型从赤红壤到亚高山草甸土均有分布，土壤地理分布具有明显的垂直带和一定的水平差距。全市土壤划分为 14 个土类、35 个亚类、75 个土属、273 个土种，以红壤为主(占 61.07%)，其次为紫色土(占 9.84%)、黄棕壤(占 5.16%)、水稻土(占 4.94%)、黄壤(占 3.47%)、石灰土(占 3.47%)，其他土壤占 12%。赤红壤分布于东南部南盘江及其支流海拔 1100m 以下河谷；燥红土分布于西北端小江海拔

1300m 以下河谷，表土复盐基过程明显；黄壤为东南部（罗平、师宗及富源南部）基带土壤，垦殖系数较高；山地黄棕壤、棕壤、暗棕壤、亚高山灌丛草甸土出现于高山、半高山的垂直带谱中，仅山地黄棕壤分布较大，垦殖率稍高；紫色土和石灰土是幼年性岩成土，前者集中于北部，后者多见于东南部；冲积土、草甸土和沼泽土散布于第四系、第三系河谷或湖盆坝区，一般垦殖历史悠久，土层深厚肥沃，大部分辟为耕地。山原红壤是滇东高原广大地区的基带土壤，保留古红色风化壳残留特性，化学风化和物理风化强烈，具有"干、酸、黏、瘦、薄"等障碍因素，有机质含量低，是造成本地区中低产田地多和林草生长缓慢的重要因素之一。

5. 植被特征

本区域植被属于北亚热带中山常绿针阔混交林带。植被类型主要有针阔混交林（云南松 *Pinus yunnanensis* ×华山松 *Pinus armandii* Franch×麻栎 *Quercus acutissima* Carruth）、针叶林（华山松）、阔叶林（麻栎）及灌草植被［椴叶山麻杆 *Alchornea tiliifolia*（Benth.）Muell. Arg.、盐肤木 *Rhus chinensis* Mill、白茅 *Imperata cylindrica*（L.）Beauv.、飞机草 *Eupatorium odoratum* L. 等］。

6. 自然资源

1）土地资源

曲靖市国土总面积 28904.11km²，土地资源总量 289.53 万 hm²，80.3% 的土地面积是山地和丘陵，耕地面积 29.28 万 hm²。全市国有建设用地供应 1282.83hm²，建设项目用地预审面积 9923.98 亩，上报农用地转用和土地征收面积 36028.94 亩。全市耕地保有量 1238.9 万亩，基本农田 982 万亩。

2）生物资源

根据 2015 年曲靖统计局统计数据，有种子植物 3000 多种。其中药用植物 400 余种，食用植物 170 多种，工业用植物 230 多种，花卉 280 种。有树蕨、野茶花、木兰、辣子树等 30 多种国家和省级保护植物。主要用材林有云南松、华山松、杉木、白花泡桐、楸木等。常见的灌木有耐冬果、小叶鸡脚黄连等数十种。会泽县驾车乡 12 万亩天然林，1984 年经省人民政府批准设立保护点，主要保护对象为华山松母树林和珍贵的孑遗植物水杉。全市森林面积 116.6 万 hm²，森林覆盖率为 40.30%。草种主要有白健杆、野古草、金茅、蜈蚣草、菅草等。野生菌种类较多，主要有鸡纵、牛肝菌、干巴菌、松茸、青头菌等。有脊椎动物 290 多种，占全省有脊椎动物总数的 20%。其中，两栖类 12 种，占全省 15%；爬行类 16 种，占 12%；鸟类 120 多种，占 16%；哺乳类 99 种，占 42%。有大灵猫、猕猴、金猫、斑羚等 30 余种珍稀保护动物。

3) 水资源

曲靖境内江河纵横，南盘江、北盘江、珠江源牛栏江、小江等河流分属长江和珠江两大水系，水能资源理论蕴藏量 406.28 万 kW，可开发 300.31 万 kW，开发潜力巨大。根据水资源公报统计数据，全市降水总量 288.31 亿 m^3，平均降水量 997.4mm；水资源总量为 108.46 亿 m^3，其中，地表水量 85.71 亿 m^3，地下水量 22.75 亿 m^3。建成大中小型水库 721 座，控制水量 19.24 亿 m^3，开发利用率 30.67％。有温泉 26 处。水能资源理论蕴藏量 19372.2 万 kW，可开发利用 287.7 万 kW，已开发利用 199.06 万 kW，开发利用率 69.2％。截至 2013 年末，全市共有水库 726 座。

4) 矿产资源

根据 2015 年曲靖统计局统计数据，已发现 47 种矿产资源，探明 29 种矿产，225 处矿产地。按矿床规模划分，大型 18 处，中型 18 处，小型 43 处，矿点 146 处。按矿种划分，烟煤 36 处，无烟煤 6 处，铅、锌、锗 20 处，铁矿 16 处，磷矿 30 处，硫铁矿 7 处，重晶石 4 处，石灰石 27 处，硅石(石英砂石)4 处，建材石料 8 处等。矿产资源总储量 354.7 亿 t，按 1990 年不变价计算，潜在经济价值估算额为 1.29 万亿元。按采选冶炼回收率 50％计算，则实际可利用经济价值为 6473.55 亿元。已探明煤储量为 87 亿 t，占全省 35.55％；远景预测储量 300 亿 t，占全省 56％；炼焦用煤储量占全省 95％以上。煤种齐全，以低灰、低硫、高发热量煤为主。煤层分布在 6 县 1 市 1 区的 43 个乡镇、4 个煤田、22 个矿区、98 个井田，大多埋藏在 500m 垂深以内。另外，天然气探明储量 12.81 亿 m^3，可开采量 4.8 亿 m^3。已探明铅矿储量 61.65 万 t，居全省第三位；锌矿 107.95 万 t，居全省第四位；锰矿 441.9 万 t，居全省第三位；锑矿 2986t，居全省第五位；硫铁矿 3.55 亿 t，居全省第一位；水泥用石灰石 4.47 亿 t，居全省第一位；磷矿 10.27 亿 t，居全省第二位；铁矿 3376.9 万 t，居全省第八位。已开发利用煤、磷、铅、锌、锑、铁、锰、硅石、重晶石、石灰石、耐火材料、地热水、矿泉水等 36 种。

2.2.2 人文和社会经济状况

1. 人文状况

2015 年末，曲靖市常住人口总量达到 604.7 万人。曲靖市常住人口出生率为 12.89‰，死亡率为 6.28‰，自然增长率为 6.61‰。城镇化率达到 44.58％。曲靖 9 个县(市、区)的人口中，汉族人口为 5442 131 人，占总人口的 92.95％；各少数民族人口为 412 924 人，占总人口的 7.1％。其中，彝族人口为 223 733 人，占总人口的 3.82％；回族人口为 68 117 人，占总人口的 1.16％；苗族人口为 33 618 人，占总人口的 0.57%；壮族人口为 30773 人，占总人口的 0.53%；布依族人口为 30 090 人，占总人口的 0.51%；水族人口为 6718 人，占总人口的 0.11%；白族人口为 5572 人，占总人口的 0.1%；哈尼族人口为 2114 人，占总人口的 0.04%；傣族人口为 1507 人，占总人口的 0.04%；傈僳族人口为 556 人，占总人口的 0.01%。

2. 社会经济

2015 年，曲靖实现生产总值 1630.3 亿元。总量在西部城市中排第 20 位；城镇常住居民人均可支配收入 27 100 元，排第 27 位；农村常住居民人均可支配收入 9451 元，排第 35 位，其中：第一产业实现增加值 289.19 亿元，增长 7.0%，拉动 GDP 增长 1.2 个百分点，对经济增长的贡献率为 8.9%；第二产业实现增加值 838.45 亿元，增长 15.2%，拉动 GDP 增长 8.4 个百分点，对经济增长贡献率为 64.6%；第三产业实现增加值 456.30 亿元，增长 12.4%，拉动 GDP 增长 3.5 个百分点，对经济增长的贡献率为 26.5%。三次产业结构为 18.3∶52.9∶28.8。非公经济增加值实现 718.23 亿元，占生产总值的比重达 45.3%。第一产业：主要农产品粮食、油料、蚕桑、畜牧生产基地，也是全国的烟草工业和优质烤烟生产基地。农业素有"滇东粮仓"之称，罗平、陆良是全省油菜优质产品生产基地，陆良、麒麟、沾益、师宗是全省蚕茧生产基地县(区)，宣威、富源、陆良、会泽、麒麟是全省生猪生产基地县(市)区。曲靖是中国乃至亚洲最大的烟草生产基地，烤烟产量占云南的 1/3，占中国的 1/10。第二产业：有工业行业的 35 个门类，已形成以烟草、煤炭、电力、机械、化工、冶金、纺织、建材、造纸、皮革、粮油加工为主的较为完善的工业化体系。第三产业：社会消费品零售总额实现 502.40 亿元，同比增长 13.1%。城镇实现消费品零售额 385.14 亿元，增长 11.3%；农村实现消费品零售额 117.26 亿元，增长 19.1%。从消费形态看，商品零售额 438.71 亿元，增长 16.4%；餐饮收入 63.69 亿元，下降 5.8%。全市第三产业增加值占 GDP 比重为 41.2%，比上年提高 2.1 个百分点，社会消费品零售总额 502.40 亿元，排第 24 位；增幅 13.1%，排第 6 位。

第3章 喀斯特退化生态系统植被恢复及土壤结构对土壤抗侵蚀性的影响

贵州喀斯特地区特殊的地质和自然地理条件决定了其土地资源类型及其分布规律，石灰岩广布，山地、丘陵面积大而平地少，可利用的土地面积所占比重更小。巨大且不断增长的人口超出了土地的承载力，不合理的土地利用使土壤遭受侵蚀，土地退化，基岩大面积裸露，形成类似荒漠化景观，即石漠化（周运超等，2005）。从石漠化分布的区域看，几乎都集中在碳酸盐岩地区，特别是石灰岩地区，喀斯特地区植被受碳酸盐岩岩性特征的影响，具有石生、旱生、喜钙的特点，生物生长慢，森林植被覆盖率较低，通常低于非喀斯特地区（董宾芳，2006），植被一旦遭到破坏，浅薄的土层在遇上暴雨时就极易受到水蚀和雨水的冲刷引起水土流失，导致石漠化。土壤侵蚀是由水力和风力作用引起的土壤颗粒的分离与搬运过程，它对农业生产、生态环境都会产生巨大的负面影响（Morgan，1995）。不同类型的土壤在不同经营方式下，对侵蚀的影响作用是不同的，在土壤侵蚀过程中，土壤性质对土壤侵蚀的发生与强度都有重要的影响（David，2003），土壤抗蚀性是土壤性质中的一个重要方面，它是评价土壤是否易受侵蚀营力破坏的性能，是指土壤对侵蚀营力分散和搬运作用的抵抗能力（Bouyoucos，1935）。因此，土壤抗蚀性是土壤侵蚀研究的重要内容之一。近年来对其研究日益受到关注（丁文峰和李占斌，2001；王云琦等，2005），其强弱主要取决于土粒间的胶结力及土粒和水的亲和力（胡建忠，2004）。

特殊的地质和地理条件同时也造成其土壤侵蚀十分严重，后果易导致石漠化（周运超等，2005），从石漠化分布的区域看，几乎都集中在碳酸盐岩地区，有研究表明（James and flarvey，2002）：碳酸盐岩类地区的石漠化尤为严重，因此研究喀斯特土壤侵蚀具有十分重要的意义。土壤侵蚀的结果是土壤退化（黄昌勇，2000），将严重制约经济的发展。土壤抗蚀性的大小除与土壤理化性质等内在因素有关外，还受土地利用状况等外部因素的影响。因此，植被因素与土壤侵蚀有十分密切的关系，所以在喀斯特地区研究不同植被类型土壤抗蚀性有重要意义。土壤抗蚀抗冲性，国内外不少人做过这方面的研究（Lang，1984；Moffat and Mcncill，1994；王忠林等，2000；周利军等，2006），在国内黄土区开展的研究工作很多。土壤抗冲性是指土壤抵抗径流对其机械破坏和推动的性能，土壤抗冲性的研究始于 20 世纪 50 年代，进入 80 年代其研究更是十分活跃，并取得了一些有价值的研究成果（李勇等，1990）。土壤抗蚀抗冲性研究在喀斯特地区仍然占少数（徐燕和龙健，2005），特别是关于土壤结构对土壤侵蚀影响的研究不多，仅从土壤侵蚀率和土壤结构性方面进行过大概的研究（张保华等，2005），目前还没有从抗蚀和抗冲两个方面定量研究和土壤结构性关系的研究，由于喀斯特地区石灰岩广泛分布以及土壤特殊的结构特点，所以，研究石灰岩地区土壤结构性及与土壤抗蚀抗冲性能的关系，对防治石漠化的产生具有重要意义。此外，土壤抗蚀性是土壤抵抗水（包括降水和径流）的分散和悬浮的能力（Bouyoucos，1935），其强弱取决于土粒间的胶结力及土粒和水的亲和力，是评定土壤抵抗侵蚀力的重要参数之一。由于土壤抗蚀性并不是一个物理的或化学的定量可测定指标，而是一个综合性因子，所以，只能在一定的控制条件下通过测定土壤性质的某些参数作为土壤抗蚀性指标（Frederick et al.，1980）。因此，选取最常用的土壤有机质含量、土壤团聚体和土壤水稳性团聚体含量、微团聚体特性等指标（宋阳等，2006）来评价土壤抗蚀性。

　　本研究以贵州省中部贵阳市典型喀斯特地区为研究对象，通过试验分析不同恢复阶段的植被（阔叶混交林、构树林和灌木林、荒草地或农地），通过多个指标对喀斯特地区不同植被类型下土壤抗侵蚀性进行试验研究分析以及土壤结构性对土壤抗蚀性能和抗冲性能的影响，同时对各指标间进行相关分析得出评价该地区土壤抗蚀性的优势指标，以期为喀斯特地区的水土流失的预防和治理提供一定依据。

3.1　材料与方法

　　在研究区内，选择阔叶混交林地、构树纯林、灌木林地、乔木林遭到破坏退化而成的荒草地四种样地类型，每种植被类型下选择 3 种有代表性的样地挖取土壤剖面，共挖取 9 个剖面，剖面样地概况与土壤性状列于表 3-1。在土壤 0～10cm 的表层用环刀取原状土测定土壤容重、通气孔隙度；用吸管法测定土壤机械组成；用铝盒取原状土壤样品室内风干以干-湿筛法测定土壤团聚体组成；土壤有机质测定采用硫酸-重铬酸钾法。

表 3-1　土壤剖面样地简况及表层土壤性状

编号	样地简况	土壤性状		
		质地	容重 /(g/cm^3)	有机质 /(g/kg)
PQ1	枫香-樟树林，林下植被以草本为主，灌木稀少，海拔 1130m，坡度 20°	壤质黏土	1.20	11.64

编号	样地简况	土壤性状		
		质地	容重 /(g/cm³)	有机质 /(g/kg)
PQ2	壳斗科树种林。林下植被以草本为主，灌木稀少，海拔 1020m，坡度 15°	壤质黏土	1.22	10.06
PQ3	构树纯林，林下植被灌木和草本极丰富，海拔 1100m，坡度 20°	壤质黏土	1.16	13.21
PG4	灌木林地，火棘、竹叶椒、中华绣线菊等，林下植被草本丰富，海拔 1030m，坡度 20°	黏土	1.34	9.93
PG5	灌木林地，火棘、小果蔷薇、中华绣线菊、飞龙掌血等，林下植被草本丰富，海拔 1050m，坡度 25°	壤质黏土	1.29	9.95
PG6	灌木林地，小果蔷薇、竹叶椒、中华绣线菊等，林下植被有少量的草本，海拔 1050m，坡度 20°	壤质黏土	1.30	8.81
PC7	荒草地，主要为蕨类、黄花，海拔 1100m，坡度 20°	黏土	1.54	6.89
PC8	荒草地，主要为蝴蝶花，海拔 1130m，坡度 25°	黏土	1.57	6.75
PC9	荒草地，主要为黄花、野筒蒿，海拔 1110m，坡度 25°	黏土	1.52	7.23
PN10	农地，种植玉米、马铃薯等	砂质黏壤土	1.46	8.74

3.1.1　土壤抗冲性测定

采用蒋定生设计的原状土冲刷水槽及其所拟定的试验方法(图 3-1)，用自制取土器在土壤剖面表层取 15cm×10cm×10cm 原状土块样，试验前将原状土样浸水 24h，试验时静置 1min 控去多余重力水，称重。置于长 50cm、宽 10cm、高 10cm 的冲刷槽内，为便于比较，调节坡度统一为 20°。以该地区最大雨量为标准采用固定流量放水冲刷。冲刷时间固定为 10min。冲刷完毕，对冲走土壤进行过滤烘干称重，计算抗冲系数，抗冲系数是目前最常用的土壤抗冲性能评价指标。

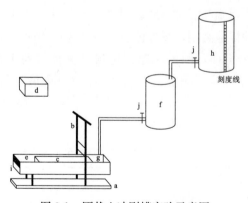

图 3-1　原状土冲刷槽实验示意图

a-基座；b-坡度调节架；c-集流槽；d-取土器；e-原状土放置槽；f-恒压供水装置；g-稳水槽；h-用水量测量装置；i-出口；j-水阀

用土壤抗冲系数 C 来评价土壤抗冲性能，其定义为每冲刷走 1g 干土所需的水量 $Q(\mathrm{L})$ 和时间 $t(\min)$ 的乘积。$C = Q \cdot t / w$，式中，C 为土壤抗冲系数；W 为冲走的土重(g)。

3.1.2　土壤抗蚀性测定

1. 抗蚀性指标的计算公式

$$结构性颗粒指数 = \frac{<0.001\mathrm{mm}\ 黏粒含量}{0.05\sim0.001\mathrm{mm}\ 粉粒含量} \tag{3-1}$$

$$团聚度(\%) = \frac{团聚状况}{>0.05\mathrm{mm}\ 微团聚体分析值} \times 100\% \tag{3-2}$$

$$团聚状况 => 0.05\mathrm{mm}\ 微团聚体分析值 - >0.05\mathrm{mm}\ 土壤机械组成分析值 \tag{3-3}$$

$$分散率(\%) = \frac{<0.05\mathrm{mm}\ 微团聚体分析值}{<0.05\mathrm{mm}\ 机械组成分析值} \times 100\% \tag{3-4}$$

$$分散系数(\%) = \frac{<0.001\mathrm{mm}\ 微团聚体分析值}{<0.001\mathrm{mm}\ 机械组成分析值} \times 100\% \tag{3-5}$$

$$结构破坏率(\%) = \frac{\geq 0.25\mathrm{mm}\ 团聚体分析值(干筛-湿筛)}{>0.25\mathrm{mm}\ 团聚体干筛分析值} \times 100\% \tag{3-6}$$

团聚体平均重量直径(MWD)：

$$MWD = \sum_{i=1}^{n} X_i W_i \tag{3-7}$$

式中，X_i 为各粒径团聚体的平均直径；W_i 为各粒径团聚体的重量百分比。

2. 土壤抗蚀指数测定

用直径 5mm 孔的筛子选取 5~7mm 粒径的土壤 25 颗，放在 5mm 孔径筛子上浸入水中，每隔 1min 记录崩塌的土粒数，连续记录 10min，3 次重复，取平均值，然后计算出抗蚀指数，具体公式如下：

$$抗蚀指数 = (总土粒-崩解土粒数)/土粒总数 \tag{3-8}$$

3.1.3　评价指标

1)无机黏粒类(于大炮等，2003；张金池等，2006)

(1)$<0.05\mathrm{mm}$ 粉黏粒含量(X_1)；

(2)$<0.01\mathrm{mm}$ 物理性黏粒含量(X_2)；

(3)<0.001mm 黏粒含量(X_3);

(4)结构性颗粒指数(X_4):结构性颗粒指数=黏粒含量(<0.001mm)/粉粒含量(0.001~0.05mm)。

2)微团聚体类(于大炮等,2003;张金池等,2006)

(1)团聚状况(X_5)=(>0.05mm 微团聚体分析值)-(>0.05mm 机械组成分析值);

(2)团聚度(X_6)=团聚状况/(>0.05mm 微团聚体分析值);

(3)分散率(X_7)=(<0.05mm 机械组成分析值)/(<0.05mm 微团聚体分析值);

(4)分散系数(X_8)=(<0.001mm 微团聚体分析值)/(<0.001mm 机械组成分析值);

(5)>0.25mm 水稳性团聚体含量(X_9);

(6)结构体破坏率(X_{10})=[(>0.25mm 干筛团聚体分析值)-(>0.25mm 湿筛团聚体分析值)]/(>0.25mm 干筛团聚体分析值);

(7)有机质含量(X_{11})(g/kg);

(8)抗蚀指数(X_{12})=(总土粒-崩解土粒数)/土粒总数。

3.1.4 数据处理

本研究中一般的数据运算采用 Excel 软件分析,显著性分析、相关性分析以及主成分分析采用 SPSS 统计软件进行处理。

3.2 结果与分析

3.2.1 喀斯特地区各植被下土壤的物理性质

土壤容重是指土壤在未破坏自然结构的情况下,单位容积内干土的重量。土壤疏松,则容重值小;反之则大。土壤容重的高低直接影响土壤的各种性质。土壤孔隙的大小、数量及分配是土壤物理性质的基础,在一定土壤厚度条件下,土壤的贮水特征取决于土壤孔隙。土壤容重和土壤孔隙大小在一定程度上决定了土壤结构的好坏(黄昌勇,2000),土壤结构是土壤重要的物理性质,维持着土壤功能的基础,影响着土壤的抗蚀性,决定着土壤侵蚀的程度(彭新华等,2004)。良好的土壤结构可以使土壤的松散性及分散性得到改善,同时也可以提高土壤的总孔隙度和通气孔隙度,土壤通气孔隙由于孔径较大,为土壤水分的贮存提供了空间,能在降雨时快速暂时贮存降水减缓地表径流,并在雨后能快速排出水分以保证土壤的通气性(张保华等,2005),对土壤抗蚀性和抗冲性的影响有显著作用,从而有利于雨水渗透,削弱地面径流,减轻水土流失。土壤结构同时也是土壤最基本的构架,侵蚀环境天然植被开垦后,土壤结构遭到了破坏,从而导致土壤侵蚀的发生(白红英和唐国利,1999)。植被若遭到破坏,则易导致土壤结构破坏,土壤结构的破坏程度直接影响到土壤的稳定性,土壤稳定性下降则土壤抗蚀性会极度减弱,就会导致土壤侵蚀加剧。

表 3-2 是各个样地主要植被下土壤的基本物理性质。从这几项指标来看试验区的土壤结构,林地>草坡,林地中,阔叶林地>灌木林地>针叶林地。随着土层深度的增加,土壤容重和结构破坏率呈递增趋势,相反,总孔隙度和通气孔隙度呈递减趋势。在 0~15cm 表土层,石灰岩地区土壤容重和结构破坏率由阔叶林地的 1.19g/cm³ 和 40.28%增加到草坡的 1.57g/cm³ 和 60.64%,总孔隙度和通气孔隙度则由阔叶林地的 55.09%和 23.98%减小到草坡的 40.75%和 11.15%;灰质白云岩地区土壤容重和结构破坏率由阔叶林地的 1.09g/cm³ 和 65.58%增加到草坡的 1.38g/cm³ 和 81.32%,总孔隙度和通气孔隙度则由阔叶林地的 58.87%和 21.14%减小到草坡的 47.92%和 7.76%;白云岩地区土壤容重和结构破坏率由阔叶林地的 1.30g/cm³ 和 58.95%增加到草坡的 1.49g/cm³ 和 64.1%,总孔隙度和通气孔隙度则由阔叶林地的 50.94%和 20.56%减小到草坡的 43.77%和 12.47%。而在 15~30cm 土层,表现规律和 0~15cm 土层规律大致相同。林地内土壤表层到亚层各指标变幅较大,草坡则最小。这些说明:林地土壤容重比草坡小,因为林地中植被密集,根系比较发达,穿插作用比较强,且土壤中生物较多,活动比较频繁,使得土壤疏松多孔,使得林地土壤孔隙程度也较好;草坡土壤容重最大,因为草坡中植被只有草本植物,土壤中植物根系少,穿插作用弱,且草坡中生物少,所以土壤板结,土壤中容重最大,孔隙最差,所以林地中土壤容重小于草坡中的容重。阔叶林地好于灌木林地,可能是因为地表有大量的枯落物,易形成较多的有机质,对土壤结构起到改善作用,而随着土层深度的增加,土壤颗粒比较紧密,通透性较差,生物活动不如上层频繁,土壤紧实,故土壤容重较大和孔隙度较低。从这几项指标来看,林地(特别是阔叶林)对土壤结构的改良作用较明显,植被类型对土壤结构的影响显著,阔叶林地土壤结构最好,灌木林地次之,荒草地则较差。

表 3-2 喀斯特地区不同植被下土壤的基本物理性质

样地	植被类型	容重/(g/cm³)		总孔隙度/%		通气孔隙度/%		结构破坏率/%	
		<15cm	15~30cm	<15cm	15~30cm	<15cm	15~30cm	<15cm	15~30cm
石灰岩地区	阔叶林	1.19	1.26	55.09	52.45	23.98	17.12	40.28	52.14
	灌木林	1.23	1.31	48.68	46.04	14.76	12.22	54.85	61.42
	草坡	1.57	1.60	40.75	39.62	11.15	7.65	60.64	73.23

续表

样地	植被类型	容重/(g/cm³)		总孔隙度/%		通气孔隙度/%		结构破坏率/%	
		<15cm	15~30cm	<15cm	15~30cm	<15cm	15~30cm	<15cm	15~30cm
灰质白云岩地区	阔叶林	1.09	1.23	58.87	53.58	21.14	18.87	65.58	76.02
	灌木林	1.15	1.31	56.60	50.57	17.77	12.25	71.62	77.83
	草坡	1.38	1.42	47.92	46.42	7.76	5.45	81.32	87.61
白云岩地区	阔叶林	1.21	1.24	50.94	49.81	20.56	17.24	58.95	64.59
	针叶林	1.27	1.33	46.42	44.15	20.61	13.74	59.57	73.62
	灌木林	1.25	1.42	47.92	46.79	22.68	13.43	58.92	71.25
	草坡	1.49	1.52	43.77	42.64	12.47	8.98	64.10	83.38

3.2.2　喀斯特地区各植被下土壤的抗蚀性

1. 有机质含量指标

土壤有机质能够增加土壤的疏松性、通气性和透水性,对于提高土壤的抗蚀能力具有重要作用(沈慧等,2000)。国内外大多数研究中均比较普遍采用土壤有机质含量变化作为土壤抗蚀性指标(郑粉莉等,2004;Shinjo et al.,2002)。图 3-2、图 3-3、图 3-4 显示,各样地不同植被类型下表层土壤(0~15cm)有机质含量均大于对应植被下亚层土壤(15~30cm)有机质含量,这是因为土壤生物活动通常在土壤表层,对枯枝落叶的分解、转化起加速作用,能够加速土壤表层有机质的快速形成,使表层土壤有机质含量增加,土壤理化性状得以改善。

从图 3-2 和图 3-3 可以看出,在纯质石灰岩地区和灰质白云岩地区 3 种植被类型下的土壤有机质含量在 0~15cm、15~30cm 两个层次中都是以阔叶林最高,分别为 14.64g/kg、8.58g/kg 和 13.11g/kg、10.84g/kg,灌木林植被次之,草本植被下的土壤有机质含量最低,这主要是由于阔叶林生物归还量大,并且凋落物易分解转化,从而在土壤表层形成较多的土壤活性有机质,图 3-4 显示,在白云岩地区灌木林表层土壤有机质含量为 10.88g/kg,大于阔叶林的 9.77g/kg以及针叶林地的 7.34g/kg,但从土壤亚表层就能看出,阔叶林地和针叶林地在该层有机质含量分别为 7.93g/kg 和 5.94g/kg,而灌木林地亚表层有机质含量仅为 4.63g/kg,乔林地明显高于灌木林地。从 0~30cm 整体来看,白云岩地区仍以乔林地的有机质含量最高,其中阔叶林地>针叶林地;灌木林地次之,草地最低。表明在该区域内,从土壤有机质含量指标来看,乔林地的土壤抗蚀性较其他植被地要好。

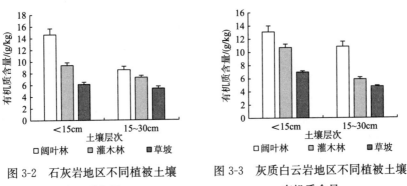

图 3-2　石灰岩地区不同植被土壤　　　图 3-3　灰质白云岩地区不同植被土壤
　　　　有机质含量　　　　　　　　　　　　有机质含量

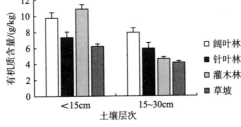

图 3-4　白云岩地区不同植被土壤有机质含量

仅从土壤有机质含量指标来看，研究区内乔木林地抗蚀能力最强，灌木林地次之，而草地土壤抗蚀性最弱。由于林地土壤抗蚀性比无林地强，对提高土壤抗蚀性作用显著，所以，保护林地免遭破坏对维持该区土壤抗蚀性具有重要作用。

2. 土壤团聚体指标

表 3-3　不同植被土壤团聚体(干筛)组成分析

样地区域	植被类型	土壤层次/cm	>5mm	5~2mm	2~1mm	1~0.25mm	<0.25mm	MWD/mm
石灰岩地区	阔叶林	<15	37.79	28.37	14.01	16.48	3.35	3.22
		15~30	35.52	29.75	12.89	13.32	8.52	3.13
		0~30	36.66	29.06	13.45	14.90	5.94	3.18
	灌木	<15	34.3	24.73	17.21	15.08	8.68	2.97
		15~30	31.11	23.52	16.01	13.99	15.37	2.76
		0~30	32.71	24.13	16.61	14.54	12.03	2.87
	草坡	<15	29.1	19.97	20.14	13.48	17.31	2.6
		15~30	26.11	22.44	16.16	10.55	24.74	2.47
		0~30	27.61	21.21	18.15	12.02	21.03	2.54

续表

样地区域	植被类型	土壤层次/cm	>5mm	5~2mm	2~1mm	1~0.25mm	<0.25mm	MWD/mm
灰质白云岩地区	阔叶林	<15	54.71	26.62	2.1	12.48	4.09	3.8
		15~30	53.99	24.86	3.63	11.75	5.77	3.73
		0~30	54.35	25.74	2.87	12.12	4.93	3.77
	灌木	<15	52.05	22.02	2.34	13.94	9.65	3.54
		15~30	44.46	22.61	3.56	14.2	15.18	3.21
		0~30	48.26	22.32	2.95	14.07	12.42	3.38
	草坡	<15	46.15	20.49	6.63	14.33	12.4	3.26
		15~30	38.31	19.89	3.06	12.18	26.57	2.82
		0~30	42.23	20.19	4.85	13.26	19.49	3.04
白云岩地区	阔叶林	<15	35.41	25.93	11.8	6.99	19.87	2.96
		15~30	25.77	24.56	9.12	12.65	27.9	2.45
		0~30	30.59	25.25	10.46	9.82	23.89	2.71
	针叶林	<15	21.09	23.42	23.23	7.26	25	2.34
		15~30	14.89	19.46	16.69	17.6	31.36	1.89
		0~30	17.99	21.44	19.96	12.43	28.18	2.12
	灌木	<15	27.94	31.66	14.49	7.24	18.67	2.82
		15~30	19.2	23.98	9.69	15.69	31.44	2.14
		0~30	23.57	27.82	12.09	11.47	25.06	2.48
	草坡	<15	23.03	19.85	17.25	12.65	27.22	2.07
		15~30	23.89	18.26	15.95	10	31.91	1.23
		0~30	23.46	19.06	16.60	11.33	29.57	1.65

　　土壤团聚体具有一定的机械稳定性和水稳定性,它是由土壤颗粒凝聚、胶结和黏结而相互联结组成的。团聚体含量高的土壤,不仅具有高度的孔隙度和持水性,而且具有良好的透水性,从而减少地表径流,降低土壤受侵蚀的程度(廖超林等,2005)。因此,土壤团聚体的数量和稳定性是衡量土壤抗蚀性的重要指标。土壤大团聚体含量增加使得土壤孔隙度、入渗能力和土壤持水量均得到有效改善(史东梅等,2005)。任何土壤的退化首先将表现出团聚体含量的减少,团聚体百分比是决定土壤侵蚀、压实、板结等物理过程速度和幅度的关键指标之一,影响土壤的理化性质,并且对土壤的抗蚀能力有很重要的作用,大团聚体土壤的抗蚀能力大于小团聚体土壤(李阳兵等,2006)。干筛团聚体分析结果(表3-3)表明,三个岩性地区的阔叶林地和灌木林地的土壤,干筛大团聚体结构组成平均在

90％以上，其中以>5mm 和 5~2mm 两个粒级为主。

在纯质石灰岩地区(表 3-3)，团聚体(干筛)各粒级含量没有明显变化，变化趋势也基本一致，各级含量由大到小呈递减趋势，各级团聚体所占比例较为适宜，>5mm 和 5~2mm 的含量最大，平均达到 30％和 25％以上，而 1~0.25mm、<0.25mm 团聚体在土壤中的含量较小。在>5mm、5~2mm 土壤中团聚体含量基本上是阔叶林>灌木林>草地。其中阔叶林中>0.25mm 大团聚体含量最多，草地中含量较少；在垂直方向上，阔叶林地土壤表层 5~2mm 团聚体含量较灌木林地和草地提高 6.64％和 13.4％，阔叶林地土壤表层和亚表层>0.25mm 的团聚体含量都为最高，草地最低，分别高 18.96％和 23.52％，这些反映出由阔叶林退化成灌木林、由灌木林退化为草地的过程，是土壤逐渐遭到破坏的过程，也是土地退化的过程。

从灰质白云岩地区>0.25mm 的大团聚体(干筛)含量来看(图 3-5)，阔叶林地仍然最高，平均比灌木林地和草地高 7.49％、14.56％。3 种植被下各级团聚体的所占比例>5mm 和 5~2mm 的含量占绝大部分，在阔叶林地>5mm 粒级更是平均达到了 50％以上。而在 3 种植被下的土壤 1~0.25mm 团聚体含量很少，这说明该地区土壤的小团聚体流失的程度比较大；在垂直方向上，整体表现为表层团聚体含量多于亚表层团聚体含量，阔叶林地土壤团聚体含量多于灌木林地与草地。

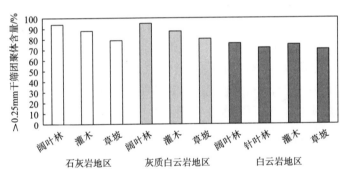

图 3-5　喀斯特不同区域各植被下 0~30cm 土层>0.25mm 干筛团聚体含量

在白云岩地区的>0.25mm 大团聚体含量虽然不如纯质石灰岩和灰质白云岩地区高，但在两个土层平均达到 70％以上，相对也较高，但乔林地的总含量要高于灌木林地以及草地，而在草本植被下土壤的>0.25mm 团聚体含量在各级中的总体分布比较平均，这是因为在白云岩地区乔林下土壤结构较好，大粒级的团聚体所占比例较大，造成小粒级的团聚体相对含量不如大粒级团聚体含量多，而在草坡地由于能够抵抗侵蚀的大团聚减少，使小团聚体含量所占比例上升；在垂直面上，同样表现出>5mm、5~2mm 和 2~1mm 团聚体含量表层高于亚表层，>0.25mm 大团聚体整体含量表层占优，这也说明了在该地区表层土壤具有相对较好的团聚体结构，同时也说明乔林地的土壤抗蚀性比灌木林地和草地强。

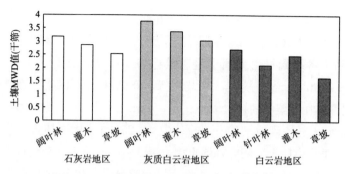

图 3-6　喀斯特不同区域各植被下 0～30cm 土壤 MWD 值(干筛)

为了全面反映各地土壤干筛后团聚体组成情况，不同学者曾提出过用不同的评价指标来表征土壤团聚体含量大小，其中 Baver(Y. lebissonnais，2001)提出的平均重量直径(MWD)概念[式(3-7)]，以及以此为指标比较土壤团聚性，一般 MWD 越大团聚性越强。目前 MWD 已被人们普遍采用。从表 3-3 和图 3-6 可以看出，在纯质石灰岩地区土壤 MWD 值变异在 2.54～3.18mm；灰质白云岩地区土壤 MWD 值变异在 3.04～3.77mm；白云岩地区土壤 MWD 值变异在 1.65～2.71mm。总体上具有阔叶混交林地大于灌木林地、灌木林地大于草地以及各植被类型下表层土壤大于亚层土壤的分布特征。

综上分析可以得出，单从土壤团聚体(干筛)指标来看，阔叶林地的土壤抗蚀性最强，草地最弱，阔叶混交林地较灌木林地和草地的大团聚体含量在土壤表层和亚层的增加十分明显，这反映出植被在由乔林退化为灌丛、由灌丛退化成草本的过程中，土壤的一种变化趋势，随着植被的破坏，土壤抗蚀性能也随之下降，这反映出林地对提高土壤抗蚀性能非常有利，同时也说明了植被对土壤抗蚀性的影响作用很明显。

表 3-4　不同植被土壤水稳性团聚体含量(湿筛)

样地区域	植被类型	土壤层次/cm	>5mm	5～2mm	2～1mm	1～0.25mm	>0.25mm	MWD/mm
石灰岩地区	阔叶林	<15	16.13	14.71	2.03	25.85	57.72	1.69
		15～30	7.01	11.82	3.1	21.85	43.78	1.08
		0～30	11.57	13.27	2.57	23.85	50.75	1.39
	灌木	<15	8.66	10.12	3.18	19.27	41.23	1.08
		15～30	9.25	9.39	1.81	12.2	32.65	0.99
		0～30	8.96	9.76	2.50	15.74	36.94	1.04
	草坡	<15	3.65	8.57	2.73	16.05	32.55	0.73
		15～30	4.78	3.49	2.62	9.26	20.15	0.52
		0～30	4.22	6.03	2.68	12.66	26.35	0.63

续表

样地区域	植被类型	土壤层次/cm	>5mm	5~2mm	2~1mm	1~0.25mm	>0.25mm	MWD/mm
灰质白云岩地区	阔叶林	<15	9.73	7.65	2.87	12.76	33.01	0.98
		15~30	7.76	4.46	2.14	8.23	22.6	0.69
		0~30	8.75	6.06	2.51	10.50	27.81	0.84
	灌木	<15	4.74	8.16	1.55	11.19	25.64	0.79
		15~30	5.33	3.93	0.99	8.56	18.81	0.53
		0~30	5.04	6.05	1.27	9.88	22.23	0.66
	草坡	<15	1.97	4.4	2.32	7.66	16.36	0.39
		15~30	2.66	1.23	1.17	3.71	9.1	0.34
		0~30	2.32	2.82	1.75	5.69	12.73	0.37
白云岩地区	阔叶林	<15	6.72	11.97	7.45	6.25	32.4	0.95
		15~30	3.89	9.74	5.82	6.07	25.53	0.73
		0~30	5.31	10.86	6.64	6.16	28.97	0.84
	针叶林	<15	7.87	9.14	4.1	9.7	30.81	0.92
		15~30	3.79	4.95	6.87	2.5	18.11	0.53
		0~30	5.83	7.05	5.49	6.10	24.46	0.73
	灌木	<15	9.22	5.16	10.86	8.14	33.39	0.99
		15~30	3.06	3.75	7.83	5.07	19.71	0.49
		0~30	6.14	4.46	9.35	6.61	26.55	0.74
	草坡	<15	5.77	7.45	6.13	6.77	26.13	0.76
		15~30	2.83	3.66	3.23	1.6	11.32	0.36
		0~30	4.30	5.56	4.68	4.19	18.73	0.56

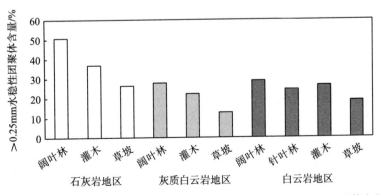

图 3-7　喀斯特不同区域各植被下 0~30cm 土壤>0.25mm 水稳性团聚体含量

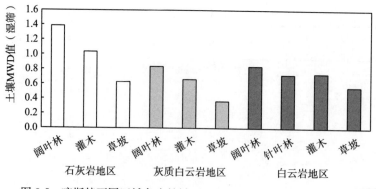

图 3-8　喀斯特不同区域各个植被下 0~30cm 土壤 MWD 值(湿筛)

水稳性团聚体被水浸湿后不易解体,具有较高的稳定性。因此,土壤水稳性团聚体含量可以作为抗蚀性的评价指标(王忠林等,2000;郭培才等,1992)。

在纯质石灰岩地区,水稳性团聚体分析表明(表 3-4),团聚体组成结构发生变化,优势团聚体组分向细化粒径级转移,以 5~2mm、1~0.25mm 粒径级为主,>0.25mm 水稳性团聚体含量阔叶林地比灌木林地和草坡高出 13.81%和 24.4%,水稳性程度明显优于其他两种植被地,其中尤以阔叶混交林地的 5~2mm、1~0.25mm 粒径级团聚体占优势,而草地则以 1~0.25mm 粒径级占优势,反映了林地内土壤水稳性大团聚体各粒级含量要好于草地,土壤团聚体破坏程度较草坡要小。而在 0~15cm、15~30cm 的垂直方向上,>0.25mm 水稳性团聚体含量在阔叶林地、灌木林地以及草地,表层比亚层分别高出 13.94%、8.58%和 12.4%,土壤平均重量直径 MWD 值也均表现为表层大于亚层,林地水稳性团聚体含量均高于相应土壤层次的草地,这反映出草地的土壤水稳性较差,土壤抗蚀性最弱。

从灰质白云岩地区>0.25mm 水稳性团聚体含量看(表 3-4,图 3-7),阔叶混交林地仍然最高,平均比灌木林地和草地高 5.58%、15.08%。在该区 3 种植被下各级水稳性团聚体的所占比例比较平均,差异程度不大,但该地区>0.25mm 水稳性团聚体含量和土壤 MWD 值总体看相对较低,最高的阔叶林地也平均只有 27.81%和 0.84mm,在草本样地上平均只有 12.73%和 0.37mm,说明该区域植被下土壤抗蚀性相对较弱;在垂直方向上,规律与石灰岩地区相仿,整体表现为表层土壤抗蚀性强于亚层,阔叶林地土壤抗蚀性比灌木林地与草地强。

在白云岩地区四种植被下的>0.25mm 水稳性团聚体含量和土壤 MWD 值(表 3-4,图 3-8),林地下的平均含量只有 25%左右和 0.77mm,水稳性大团聚体含量较低,可能和该区石砾含量大、土壤质地较粗、大孔隙较多有关。林地的总含量要高于草地,灌木林地的水稳性程度稍优于针叶林,这可能是由于灌木林地有机质含量相对针叶林地稍高;在垂直土层上,整体表现出各级水稳性团聚体含量绝大部分都是表层高于亚层,表层土壤抗蚀性比亚层土壤强,土壤抗蚀性强弱顺序为：阔叶混交林地>灌木林地>针叶林地>荒草地。

表 3-5 有机质含量与>0.25mm 水稳性团聚体含量、团聚状况、团聚度、分散率、分散系数的相关关系

	>0.25mm 水稳性团聚体含量	团聚状况	团聚度	分散率	分散系数
有机质含量	0.747**	0.667**	0.693**	0.722**	0.705**

注：$r_{0.01}(60)=0.231$，**极显著水平

综上对水稳性各级大团聚体的分析得出，阔叶林地土壤较灌木林地和草地的水稳性团聚体含量在土壤表层和亚层的增加显著，单从这个指标来看，土壤抗蚀性表现为：阔叶林地>灌木林地>草地。这也进一步证实了由阔叶林退化成灌木林、由灌木林退化为草本的过程，是土壤逐渐遭到破坏的过程，也就是土地退化的过程。一般而言，用有机质含量和土壤水稳性团聚体含量作指标来评价土壤的抗蚀性时，从表 3-4 可以看出，二者之间的变化基本是一致的，达到极显著的相关关系(表 3-5)。由于阔叶林下枯落物较多，土壤有机质含量高于灌木林地和草地，而有机质是水稳性团聚体的主要胶结剂之一，从表 3-4 可以看出，阔叶林下土壤水稳性团聚体含量优势非常明显，均优于其他植被样地，而纯针叶林地的土壤团聚体含量不如阔叶林地，甚至稍低于同地区的灌木林地，所以建议进行针叶与阔叶树种混合栽种，可能会收到好的效果。从这些分析看出植被对土壤抗蚀性有显著的影响，同样也说明阔叶林在改良土壤、增强土壤抗蚀性能方面有着显著的作用。

3. 以微团聚体含量为基础的土壤抗蚀性指标

1)团聚状况和团聚度

表 3-6 不同植被土壤团聚状况、团聚度、分散率及分散系数

样地区域	植被类型	层次/cm	团聚状况/%	团聚度/%	分散率/%	分散系数/%
石灰岩地区	阔叶林	<15	29.04	53.81	58.04	8.08
		15~30	24.99	49.39	61.35	10.64
		0~30	27.02	51.60	59.70	9.36
	灌木	<15	25.03	49.28	66.41	12.79
		15~30	24.17	40.73	66.29	17.81
		0~30	24.60	45.01	66.35	15.30
	草坡	<15	23.58	48.14	69.13	24.26
		15~30	17.38	36.16	70.92	28.61
		0~30	20.48	42.15	70.03	26.44

续表

样地区域	植被类型	层次/cm	团聚状况/%	团聚度/%	分散率/%	分散系数/%
灰质白云岩地区	阔叶林	<15	26.9	62.21	65.28	9.86
		15~30	21.93	48.55	70.61	14.06
		0~30	24.42	55.38	67.95	11.96
	灌木	<15	24.16	53.62	67.84	15.00
		15~30	17.44	39.53	71.98	17.99
		0~30	20.80	46.58	69.91	16.50
	草坡	<15	19.47	36.06	69.43	24.46
		15~30	18.7	35.08	77.27	25.57
		0~30	19.09	35.57	73.35	25.02
白云岩地区	阔叶林	<15	23.69	49.15	61.34	13.19
		15~30	22.43	44.34	67.35	16.52
		0~30	23.06	46.75	64.35	14.86
	针叶林	<15	18.95	41.19	66.71	14.43
		15~30	19.19	37.96	69.58	17.23
		0~30	19.07	39.58	68.15	15.83
	灌木	<15	24.51	51.33	59.74	13.43
		15~30	15.47	32.35	70.26	24.76
		0~30	19.99	41.84	65.00	19.10
	草坡	<15	14.14	30.87	71.81	23.21
		30~40	11.98	28.11	78.52	25.81
		0~30	13.06	29.49	75.17	24.51

团聚状况表示土壤颗粒的团聚程度，其值大则土壤抗蚀性强。团聚度以 >0.05mm 微团聚体分析值占土壤相应粒级的百分比来表示土壤抗蚀性强弱。团聚度大则土壤抗蚀性强(李阳兵等，2006)。测定结果(表 3-6)表明，在石灰岩地区，3 种植被下 0~15cm 土壤团聚状况与团聚度分别变化于 29.04%~23.58% 和 53.18%~48.14%，15~30cm 土壤团聚状况与团聚度分别变化于 24.99%~17.38% 和 49.39%~36.16%。由此可见，0~15cm 和 15~30cm 土层团聚状况和团聚度变化趋势表现为从土壤表层到亚层逐渐减小，3 种植被下 0~30cm 土壤团聚状况与团聚度(图 3-9)由阔叶林地的 27.02% 和 51.60% 下降到草坡的 20.48% 和 42.15%，阔叶林地团聚状况和团聚度较大，阔叶林地和灌木林地土壤抗蚀性优于草坡。

在灰质白云岩地区，3 种主要植被下 0～15cm 土壤团聚状况与团聚度分别变化于 26.9%～19.47% 和 62.21%～36.06%，15～30cm 土壤团聚状况与团聚度分别变化于 21.93%～19.47% 和 48.55%～35.08%，阔叶林地和灌木林地 0～15cm 的团聚度比草坡要高出近 2 倍和 1.5 倍，表层团聚状况和团聚度相比于亚层，阔叶林地高出 4.97%、13.66%，灌木林地高出 6.72%、14.09%，草坡高出 0.77%、0.98%，林地内两土层团聚度和团聚状况变化明显，而在草坡变化不大，阔叶林和灌木林植被对增强土壤抗蚀性的作用比草本植被明显，其中阔叶林植被最突出。

白云岩地区，虽然灌木林地在表土层的团聚状况和团聚度稍高于阔叶林地（表 3-6），但在 0～30cm 整体上不如阔叶林地（图 3-9），这主要是由于该地区阔叶林林龄较短，对土壤表层的影响效果还不十分明显，针叶林地的表层团聚度和团聚状况不如灌木林地，但在 15～30cm 土层这两个指标却好于灌木林地。因此，在该区仍然是林地植被土壤的抗蚀性最强，草地的土壤抗蚀性最弱。

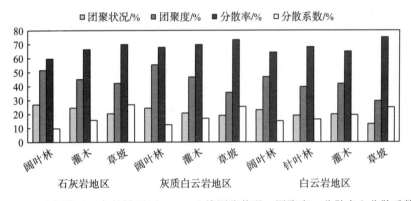

图 3-9　喀斯特地区各植被下 0～30cm 土壤团聚状况、团聚度、分散率和分散系数

对团聚状况和团聚度的分析表明，在水平方向上，林地土壤团聚状况和团聚度在表层和亚层高于草地；在垂直方向上，林地土壤表层较亚层明显提高。从表 3-5 可以看出，团聚状况和团聚度与有机质含量成极显著的相关关系（$r = 0.667^{**}$，$r = 0.697^{**}$），图 3-2、图 3-3 和图 3-4 表明 3 个区域内林地土壤有机含量高于草地，若林地遭到破坏退化为草地，则土壤抗蚀性必然减弱，两土层的抗蚀性强弱变化程度也证实植被类型对土壤抗蚀性的影响作用。保护植被，特别是对林地保护的重要性，对增强土壤抗蚀性能具有很重要的作用。

2）分散率和分散系数

分散率和分散系数均以分析中低于规定粒级的颗粒，视为完全分离的颗粒，用完全分离的颗粒与机械组成分析值来表示土壤抗蚀性。分散率和分散系数越大，土壤抗蚀性越弱（董慧霞等，2005）。测定结果（表 3-6）表明，在石灰岩地区，

3 种植被下 0~15cm 土壤分散率与分散系数分别变化于 58.04%~69.13%和 8.08%~24.26%，15~30cm 土壤分散率与分散系数分别变化于 61.35%~70.92%和10.64%~28.61%；在0~15cm 和 15~30cm 土层分散率和分散系数变化为从土壤表层到亚层为减小趋势，3 种植被下 0~30cm 土壤分散率与分散系数（图3-9），从阔叶林地到灌木林地到草地呈逐渐增大的趋势，林地明显小于草地。

在灰质白云岩地区，3 种主要植被下 0~15cm 土壤分散率与分散系数分别变化于 65.28%~69.43%和 9.86%~24.46%，15~30cm 土壤分散率与分散系数分别变化于 70.61%~77.27%和 14.06%~25.57%，可以看出，分散系数的变化比较显著，草地要比林地高出 2 倍多，更比阔叶林地高近 3 倍，从 0~30cm 土壤分散率和分散系数来看，和纯质石灰岩地区规律相当，表明林地土壤分散程度较低，固结力强。

在白云岩地区，3 种主要植被下 0~15cm 土壤分散率与分散系数分别变化于 61.34%~71.81%和 13.19%~23.21%，15~30cm 土壤分散率与分散系数分别变化于 67.35%~75.17%和 16.52%~24.51%。0~15cm 表土层的分散率和分散系数林地低于草地，虽然在表层针叶林地分散程度大于灌木林地，但由于针叶林地 15~30cm 分散程度较低，所以 0~30cm 整体上土壤分散程度乔林地比灌木林地要低。这表明从这两个指标看，在该区乔林地土壤抗蚀性要比灌木林地强。

对分散率和分散系数的分析表明，在水平方向和垂直方向的变化规律和团聚状况和团聚度的变化规律大体一致。从表 3-5 来看，分散率和分散系数与有机质含量也呈极显著的相关关系（$r=0.722^{**}$，$r=0.705^{**}$），图3-2、图3-3、图3-4和表 3-3 表明 3 个区域内林地土壤抗蚀性明显比草地强，林地的土壤团聚状况和团聚度较高，分散率和分散系数较低，所以其抗蚀性能较强，从这四个指标来看，更进一步证实植被对土壤抗蚀性的影响作用，保护植被的重要性。

4. 抗蚀性指标间的相关性分析

由于不同植被下的土壤有机质含量差异显著，而土壤有机质能够促进土壤中团粒结构的形成，增加土壤的疏松性、通气性和透水性，对于提高土壤的抗蚀能力具有重要作用，在此用两变量之间的相关性分析对各抗蚀指标间的关系进行检验，对该地区土壤抗蚀性优势指标进行选取，结果见表 3-7。从表 3-7 可以看出，有机质和水稳性团聚体总量之间呈极显著相关关系，因为土壤有机质是水稳性团粒的主要胶结剂，相关系数为 0.998，随着有机质含量的增加，土壤中大粒级水稳性团聚体含量也随着增加，而水稳性团聚体被水浸湿后不易解体，稳定性较高，在黔中喀斯特地区降雨大而急，土壤受水蚀影响较大，通过改善植被状况来增加土壤有机质含量，从而达到增加土壤水稳性团聚体含量的目的，达到提高土壤的抗蚀性的目的。团聚状况、团聚度和有机质及水稳性团聚体含量呈显著的正相关关系，相关系数分别为 0.990、0.977、0.978 和 0.996；结构破坏率、分散率和有机质及水稳性团聚体含量呈显著的负相关关系，相关系数分别为 -0.982、-0.968、-0.986 和 -0.968，说明用团聚状况、团聚度、结构破坏率和分散率表示该地区土壤抗蚀性能同样很显著，可以用作评价该地区的土壤抗蚀性的优势指标。

表 3-7 土壤抗蚀性指标间的相关性

抗蚀性指标	有机质	>0.25mm 干筛团聚体	水稳性团聚体	结构破坏率	团聚状况	团聚度	分散率
>0.25mm 干筛团聚体	0.903	1.000					
水稳性团聚体	0.998**	0.902	1.000				
结构破坏率	$-0.982*$	-0.818	$-0.986*$	1.000			
团聚状况	0.990*	0.869	0.996*	$-0.994**$	1.000		
团聚度	0.977*	0.793	0.978*	$-0.998**$	0.986*	1.000	
分散率	$-0.968*$	$-0.981*$	$-0.968*$	0.913	-0.946	-0.895	1.000
分散系数	-0.912	$-0.994**$	-0.904	0.823	-0.867	-0.803	0.980*

注：* 在 0.05 水平上显著相关；** 在 0.01 水平上显著相关

表 3-7 还说明在该地区以>0.25mm 干筛团聚体含量和分散系数作为土壤的抗蚀性指标，用来衡量抗蚀性强弱时，虽在一定程度上表明了样地的土壤结构和分散程度，但没有用土壤有机质含量和大粒级水稳性团聚体含量表示土壤的抗蚀性明显，也证实了土壤的抗蚀性能与土壤微团聚体含量的多少有关。

5. 各植被类型下土壤抗蚀性能动态过程

1)石灰岩地区

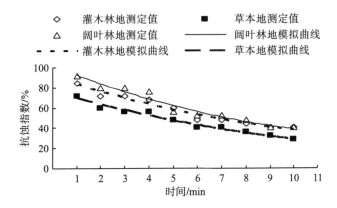

2)灰质白云岩地区

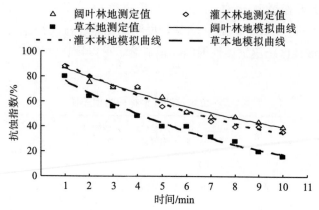

3)白云岩地区

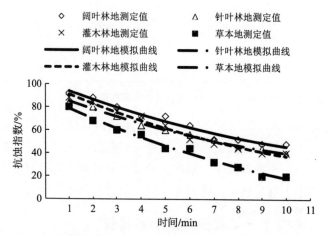

图 3-10　喀斯特地区各植被下土壤抗蚀指数动态变化过程

　　水浸实验是检验土壤抗蚀性能强弱的指标，也是检验土壤抗蚀性能的内在指标(王忠林等，2000；周利军等，2006)。抗蚀指数与时间的动态关系选用数学模型进行拟合，分别用二次多项式、指数函数、对数函数对其进行拟合，选取最优模型，结果见表 3-8。

表 3-8　喀斯特地区各植被下土壤抗蚀指数与时间的相关数学模型

地区	植被类型	数学模型	R^2	F
石灰岩地区	阔叶林	$S=0.333t^2-9.630t+101.733$	0.952^{**}	78.572^{**}
		$S=101.14\mathrm{e}^{-0.0977t}$	0.933^{**}	70.007^{**}
		$S=98.281-24.285\mathrm{Ln}(t)$	0.908^{**}	63.480^{**}
	灌木林	$S=0.273t^2-8.042t+91.333$	0.965^{**}	96.533^{**}
		$S=90.406\mathrm{e}^{-0.088t}$	0.941^{**}	92.470^{**}
		$S=88.608-20.529\mathrm{Ln}(t)$	0.9204^{**}	91.132^{**}
	草坡	$S=0.197t^2-6.70t+76.067$	0.974^{**}	138.327^{**}
		$S=77.369\mathrm{e}^{-0.0988t}$	0.959^{**}	131.567^{**}
		$S=74.829-18.557\mathrm{Ln}(t)$	0.945^{**}	121.007^{**}
灰质白云岩地区	阔叶林	$S=0.242t^2-7.879t+94.411$	0.967^{**}	101.754^{**}
		$S=94.425\mathrm{e}^{-0.0871t}$	0.942^{**}	92.453^{**}
		$S=92.427-21.204\mathrm{Ln}(t)$	0.925^{**}	91.750^{**}
	灌木林	$S=0.349t^2-9.871t+98.867$	0.977^{**}	145.667^{**}
		$S=98.794\mathrm{e}^{-0.1054t}$	0.952^{**}	124.826^{**}
		$S=95.109-24.568\mathrm{Ln}(t)$	0.928^{**}	103.791^{**}
	草坡	$S=0.379t^2-10.664t+86.467$	0.982^{**}	153.778^{**}
		$S=94.486\mathrm{e}^{-0.1655t}$	0.974^{**}	125.245^{**}
		$S=83.214-27.022\mathrm{Ln}(t)$	0.961^{**}	119.117^{**}
白云岩地区	阔叶林	$S=0.242t^2-8.024t+101.601$	0.973^{**}	126.227^{**}
		$S=101.36\mathrm{e}^{-0.0809t}$	0.963^{**}	111.586^{**}
		$S=99.413-21.591\mathrm{Ln}(t)$	0.914^{**}	85.418^{**}
	针叶林	$S=0.242t^2-7.685t+92.533$	0.992^{**}	213.618^{**}
		$S=92.285\mathrm{e}^{-0.0849t}$	0.983^{**}	160.825^{**}
		$S=90.39-20.385\mathrm{Ln}(t)$	0.945^{**}	137.554^{**}
	灌木林	$S=0.273t^2-8.964t+99.612$	0.9801^{**}	172.819^{**}
		$S=100.9\mathrm{e}^{-0.0997t}$	0.975^{**}	156.757^{**}
		$S=96.953-23.935\mathrm{Ln}(t)$	0.913^{**}	84.239^{**}
	草坡	$S=0.271t^2-9.715t+88.133$	0.987^{**}	232.463^{**}
		$S=98.723\mathrm{e}^{-0.1608t}$	0.973^{**}	190.106^{**}
		$S=86.395-27.274\mathrm{Ln}(t)$	0.944^{**}	135.521^{**}

注：S-抗蚀指数，t-时间；＊显著 $P<0.05$；＊＊极显著 $P<0.01$，下同

由表 3-8 可见，各模型都能很好地拟合各植被下土壤抗蚀指数与时间的动态关系，所拟合的方程相关系数均达到极显著水平，经 F 检验均呈极显著关系。因此，所得模型均可用于该区域内各个植被下土壤抗蚀性能的估测。经分析，用二次多项式所拟合的方程相关系数最大，F 值也最大，说明二次多项式函数（$S = at^2 + bt + c$。a，b，c 均为常数）是最理想的数学模型。其不同区域各植被类型下的土壤抗蚀指数的变化分别见图 3-10。可以看出，随着浸水时间的增加，各样地土壤抗蚀性能都呈下降趋势，3 个地区均以草本植被土壤抗蚀性最低。在石灰岩地区，随着时间的增加，3 种植被下土壤抗蚀性能前 8min 下降较快，在8min 后趋于稳定，在 7min 以后，灌木林与阔叶林抗蚀指数相接近，草地最低；在灰质白云岩地区，随着时间的增加，3 种植被下土壤抗蚀性能下降趋势很快，灌木林地的抗蚀性能在 4min 略大于阔叶林，但是过后其抗蚀性能便开始低于阔叶林地，草地的抗蚀性能随着时间增加一直呈急速下降趋势，其抗蚀性能远不及林地的抗蚀性能；在白云岩地区，4 种植被下土壤抗蚀性能随时间的增加，下降趋势较缓慢，林地内土壤抗蚀性能大小差别不明显，阔叶林地抗蚀性能优势仍然较显著，草地的最低。因此，随时间的增加，林地土壤的抗蚀性要好于草本植被样地，随各样地土壤浸水时间的增加，其抗蚀性能差异均减小。可以推断，随降雨历时增加，林地抗蚀性能较接近，阔叶林地土壤抗蚀性能表现为最强，在白云岩地区，虽然针叶林地在初期稍低于灌木林地，但随时间的增长，抗蚀性就越变得较好。草地的土壤抗蚀性则较林地低很多。

3.2.3　喀斯特地区不同植被下土壤结构性与土壤抗蚀性关系

通过以上分析以及从表 3-9 可以看出，土壤结构与土壤的抗蚀性存在一定的联系，这里我们以抗蚀指数表征不同植被下土壤抗蚀性能，以容重、总孔隙度、通气孔隙度和结构破坏率来表征土壤结构，经定量指标分析，土壤结构性与土壤抗蚀性呈明显的线性关系。

容重、总孔隙度、通气孔隙度、结构体破坏率与土壤抗蚀指数的相关系数分别为 −0.935、0.918、0.93、−0.924，达到了极显著性水平。表 3-9 和图 3-11 显示其定量关系以二次函数模拟效果最好，通过 F 检验达到极显著水平。

图 3-11 显示总孔隙度、通气孔隙度与土壤抗蚀性具有明显的正相关关系，容重和结构体破坏率与土壤抗蚀性具有明显的负相关关系，表明随着总孔隙度和通气孔隙度的增加，土壤的抗蚀性能会随之增强；随着容重和结构破坏率的变大，土壤的抗蚀性能就会随之减弱。

表 3-9　土壤抗蚀性能与土壤结构关系模型

	曲线拟合方程	R^2	r	F
与容重的关系	$S=52.022x_1^2-239.82x_1+270.68$	0.8724	$-0.935**$	$92.331**$
与总孔隙度关系	$S=0.0641x_2^2-3.845x_2+74.86$	0.843	$0.918**$	$75.512**$
与通气孔隙度关系	$S=0.1037x_3^2+0.1285x_3+12.287$	0.8649	$0.93**$	$86.431**$
与结构破坏率关系	$S=0.0083x_4^2-2.0694x_4+136.91$	0.8545	$-0.924**$	$61.498**$

注：$S-$土壤抗蚀指数；x_1-容重；x_2-总孔隙度；x_3-通气孔隙度；x_4-结构破坏率。**极显著 $P<0.01$，下同

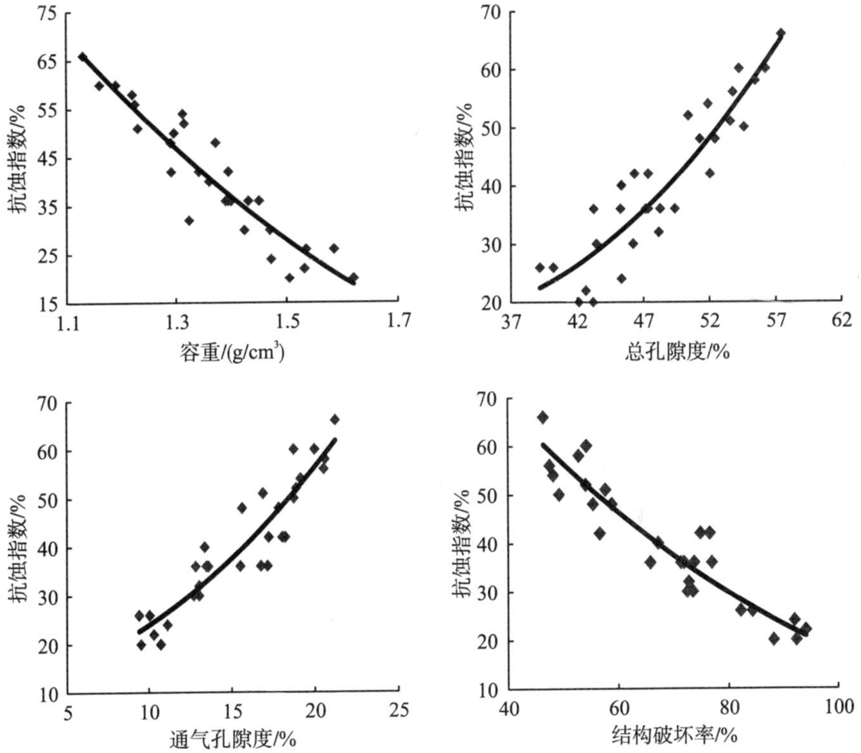

图 3-11　土壤抗蚀指数与容重、总孔隙度、通气孔隙度、结构体破坏率的线性关系

3.2.4　喀斯特地区不同植被下土壤的抗冲性

　　土壤抗冲系数的大小，在一定程度上反映了土壤抗冲性的大小和土壤抵抗径流侵蚀的能力，通常用土壤抗冲系数来表征土壤的抗冲性。不同植被下的土壤由于受植被的影响，土壤的基本性质不同，所以各区域主要植被类型土壤抗冲性也存在差异，从图 3-12 可以看出，3 个区域内各植被下的土壤抗冲系数整体表现为从林地到荒草坡逐渐降低，其中阔叶林地最大；表层土壤的抗冲系数要大于下层

土壤；随着坡度的增加，土壤抗冲系数表现为减小趋势。显著性分析表明（表3-10），不同植被下的土壤在同一坡度下的抗冲系数显著不同，且随着坡度的加大，这种显著性差异也逐渐增加。土壤表层到亚层的抗冲系数变化幅度在 3 个坡度上林地要明显大于草地（表 3-10）。

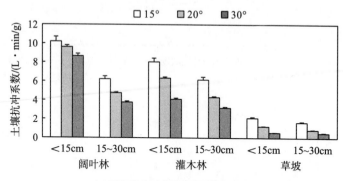

(a)石灰岩地区主要植被土壤抗冲性

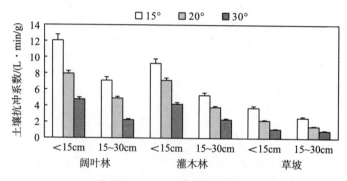

(b)灰质白云岩地区主要植被土壤抗冲性

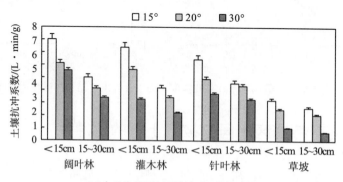

(c)白云岩地区主要植被下土壤抗冲性

图 3-12　喀斯特地区各个植被下土壤抗冲性比较

在石灰岩地区 0～15cm 土层［图 3-12(a)］，阔叶林地土壤抗冲系数在 15°坡度上分别是灌木林地和草坡的 1.27 倍和 4.84 倍，坡度为 20°时是灌木林地和草坡的 1.52 倍和 7.81 倍，坡度在 30°时，阔叶林地的抗冲系数是另外两种植被地的 2.11 倍和 15.17 倍；15～30cm 土层，在 3 个坡度下，阔叶林地的抗冲系数随着坡度的增加，变化规律与土壤表层一致；在灰质白云岩地区[图 3-12(b)]，土壤抗冲系数与石灰岩地区规律性表现大致相同，随着坡度增加抗冲系数变化更大；在白云岩地区[图 3-12(c)]，阔叶林地土壤抗冲系数比其他植被地要大，灌木林地在 0～15cm 土层抗冲系数虽然大于针叶林地，但由于其土壤下层抗冲系数较小，从 0～30cm 整体来看，针叶林地抗冲系数要比灌木林地大，所以针叶林地抗冲性比灌木林地要好。从坡度变化来看，当坡度为 15°时，灌木林地在 0～30cm 土壤抗冲系数比针叶林地高 4.95%，特别是在 0～15cm 表层特别显著，比针叶林地高 12.92%；当坡度升高到 20°时，灌木林地在 0～15cm 抗冲系数比针叶林高 13.18%，但从 0～30cm 来看，针叶林地比灌木林地高 1.96%；当坡度达到 30°时，无论在 0～15cm 还是在 0～30cm 灌木林地土壤抗冲系数均低于针叶林地，表明乔林对提高土壤抗冲性能的作用要好于灌木林，如果乔林地退化为灌木林地，其土壤的抗冲性能也会降低。

表 3-10　土壤表层下降至亚层的抗冲系数(L·min/g)变幅(%)

区域	植被类型	15°	20°	30°
石灰岩地区	阔叶林	38.98	50.47	56.30
	灌木林	23.48	31.86	22.63
	草坡	21.80	17.89	10.53
灰质白云岩地区	阔叶林	41.06	38.07	53.03
	灌木林	42.53	46.51	45.50
	草坡	22.53	20.88	16.96
白云岩地区	阔叶林	37.59	32.48	38.66
	灌木林	43.47	39.12	32.53
	针叶林	29.14	17.03	22.05
	草坡	19.16	11.19	12.97

从图 3-12 与表 3-10 以及两个层次变化来看，随着坡度的增加，林地的抗冲系数变化较小，而草地则呈现急剧下降的趋势，从阔叶林地到灌木林地到草地，土壤的抗冲系数从表层到亚层的变幅由急逐渐变缓，首先，因为林地内根系较发达，根系在土壤中的分布纵横交错，相互交接成网状结构，这种网状结构使土壤颗粒通过根系相互连接起来，同时这种网状结构也起到对土壤颗粒的加固作用，同时，由于林分根系分布随土层深度的增加而减少，导致土壤表层和下层抗冲性能存在较大差异，另外草本植物根系较短，对提高土壤抗冲性能作用不明显。其

次，由于土壤有机质含量、>0.25mm 水稳性团聚体和土壤抗冲系数之间具有较明显的相关性，相关分析表明，有机质含量、>0.25mm 的水稳性团聚体含量和土壤抗冲系数呈显著的正相关关系，林地的土壤有机质含量和水稳性团聚体含量表层与亚层的差异较大，土壤基本性质差异大，从这个方面分析也导致了这种结果。这些都表明林地的土壤抗冲性能要明显好于无林地，阔叶林植被对提高土壤抗冲性效果要好于灌木林和草本植被。

表 3-11　各区域内不同植被在同一坡度下土壤抗冲系数显著性分析

	区域	15°	20°	30°
	石灰岩地区	35.463**	42.542**	52.422**
F 值	灰质白云岩地区	28.649**	34.147**	39.539**
	白云岩地区	9.035**	10.724**	21.457**

注：** 显著性水平 $\alpha=0.01$ 时，差异极显著

表 3-12　各区域内不同植被下土壤抗冲系数 t 检验

区域	植被	t 检验值								
		15°			20°			30°		
		阔叶林	灌木	针叶林	阔叶林	灌木	针叶林	阔叶林	灌木	针叶林
石灰岩地区	草	15.433**	8.104**		10.624**	5.562**		8.671**	3.394**	
	灌	2.167*			2.381*			2.053*		
灰质白云岩地区	草	11.211**	5.602**		8.732**	3.417**		3.165**	3.018**	
	灌	0.671			1.337			2.561**		
白云岩地区	草	3.514**	3.472**	3.369**	3.721**	3.261**	3.525**	4.413**	2.836**	4.206**
	针	1.041	0.168		0.954	0.714		1.911*	2.007*	
	灌	0.963			1.002			1.997*		

注：* 显著性水平 $\alpha=0.05$ 时，差异显著；** 显著性水平 $\alpha=0.01$ 时，差异极显著

喀斯特地区不同植被下土壤抗冲系数存在显著性差异（表 3-11），且随着坡度的增加这种差异有显著增加的趋势，通过对样地内不同植被下土壤抗冲系数进行 t 检验表明（表 3-12）：在试验区内，3 个坡度下林地与草坡的抗冲系数均存在极显著性差异。其中在石灰岩地区林地，阔叶林地与灌木林地差异一般显著；在灰质白云岩地区林地内，在坡度为 15°、20°时，阔叶林地与灌木林地的抗冲系数差异不显著，当坡度达到 30°时，两种植被下土壤抗冲系数达到极显著性差异，这说明在该区域内，灌木林在坡度较大的地区保持水土的作用不及阔叶林植被，当遇到较强的降雨时，易引起水土流失；在白云岩地区，在坡度为 15°、20°时，林

地内土壤抗冲系数差异不显著，当坡度达到30°时，阔叶林地与灌木林地、阔叶林地与针叶林地以及灌木林地与针叶林地之间的抗冲系数差异显著，这证明有林地比无林地土壤的抗冲性能要好，植被类型对土壤抗冲性的影响作用显著。乔林植被对保持水土、提高土壤抗侵蚀能力作用较灌木林要高，所以保护有林地、防止其遭到破坏具有十分重要的意义。

3.2.5　喀斯特地区不同植被下土壤结构性与土壤抗冲性关系

通过以上分析以及从表3-13可以看出，土壤结构与土壤抗冲性也存在一定的联系，这里我们以抗冲系数表征土壤抗冲性能，以容重、总孔隙度、通气孔隙度和结构破坏率来表征土壤结构，经定量指标分析，土壤结构性与土壤抗冲性也呈明显的线性关系。

容重、总孔隙度、通气孔隙度、与土壤抗冲系数的相关系数分别为-0.917、0.904、0.928、-0.915，达到了极显著性水平。表3-12和图3-13显示其定量关系以二次函数模拟效果最好，通过F检验达到极显著水平。

图3-13显示总孔隙度、通气孔隙度与土壤抗冲性具有明显的正相关关系，容重和结构体破坏率与土壤抗冲性具有明显的负相关关系，表明随着总孔隙度和通气孔隙度的增加，土壤的抗冲性能会随之增强；随着容重和结构破坏率的变大，土壤的抗冲性能会随之减弱。

表 3-13　土壤抗冲性与土壤结构关系模型

	曲线拟合方程	R^2	r	F
与容重的关系	$S=-12.634x_1^2+21.078x_1-0.7393$	0.8414	-0.917^{**}	73.512^{**}
与总孔隙度关系	$S=-0.0061x_2^2+0.9092x_2-25.244$	0.8178	0.904^{**}	63.472^{**}
与通气孔隙度关系	$S=0.0137x_3^2+0.0596x_3-0.3539$	0.8617	0.928^{**}	75.087^{**}
与结构破坏率关系	$S=0.0006x_4^2-0.2186x_4+15.498$	0.8376	-0.915^{**}	69.607^{**}

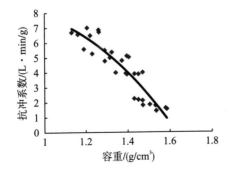
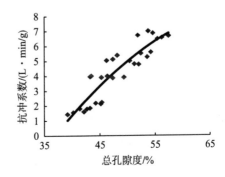

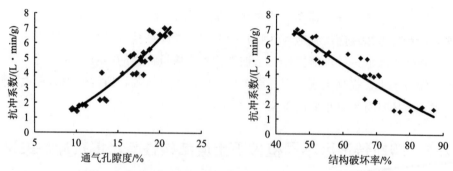

图 3-13　土壤抗冲系数与容重、总孔隙度、通气孔隙度、结构体破坏率、线性关系

通过以上分析可以得出，土壤结构性和土壤抗蚀性能和抗冲性能存在的这种线性关系，证实了在喀斯特地区土壤结构稳定性对水土流失具有重要影响，表明保护植被，通过改善土壤的结构性来提高土壤的抗蚀抗冲性能，对防治土壤侵蚀具有重要意义。

3.2.6　不同植被土壤抗侵蚀性综合评价

1. 抗侵蚀性主成分分析

本书选用 12 个重要的指标(表 3-14)，这些指标体系虽然比较全面，却显得烦冗复杂，应用起来很不方便，况且有些指标间信息重叠，相互间具有一定的关联性。因此，可以考虑用较少的新指标来代替原有指标，并尽可能保存原有多指标的信息。利用 SPSS 软件通过主成分分析法(PCA)，确定土壤抗蚀性综合指标。

前三个主成分 Y_1、Y_2、Y_3 的累积贡献率已达到 87.23%，可满足主成分的分析要求。因此，只取前三个主成分进行分析，结果见表 3-15。

表 3-14　不同植被样地土壤各层次土壤抗蚀性指标一览表

林分	土壤层次/cm	土壤编号	x_1	x_2	x_3	x_4	x_5	x_6	x_7	x_8	x_9	x_{10}	x_{11}	x_{12}
阔叶林	0~20	1	80.24	57.12	22.06	0.379	29.04	53.81	58.04	8.08	57.72	40.89	11.64	0.56
	20~40	2	74.4	48.01	24.12	0.472	24.99	49.39	61.35	10.64	43.78	54.76	7.38	0.52
构树林	0~20	3	79.13	59.35	33.35	0.729	24.16	53.62	69.44	17.99	51.31	43.21	10.71	0.48
	20~40	4	73.32	60.76	37.77	1.062	17.45	39.55	76.21	14.99	40.91	51.77	8.23	0.40
灌木林	0~20	5	74.24	53.77	30.90	0.718	25.03	49.28	66.41	12.79	41.23	54.85	9.40	0.36
	20~40	6	69.32	55.07	38.34	1.319	24.17	40.73	66.29	17.81	32.65	63.57	7.25	0.36

林分	土壤层次/cm	土壤编号	x_1	x_2	x_3	x_4	x_5	x_6	x_7	x_8	x_9	x_{10}	x_{11}	x_{12}
农地	0~20	7	83.66	55.86	25.52	0.439	26.91	62.23	67.83	27.45	66.02	32.81	13.11	0.56
	20~40	8	76.76	46.9	28.16	0.58	21.93	48.55	72.73	25.57	45.19	53.36	8.83	0.42

表 3-15　土壤抗蚀性主成分分析结果

主成分	特征向量												累计贡献率/%
	x_1	x_2	x_3	x_4	x_5	x_6	x_7	x_8	x_9	x_{10}	x_{11}	x_{12}	
Y_1	0.930	0.049	−0.750	−0.857	0.797	0.927	−0.411	0.151	0.933	−0.880	0.860	0.852	58.17
Y_2	0.252	0.671	0.567	0.403	−0.186	0.062	0.687	0.540	0.214	−0.352	0.385	−0.057	75.84
Y_3	0.040	−0.692	−0.116	−0.166	0.145	0.114	0.409	0.760	−0.033	0.133	−0.109	−0.186	87.23

　　由表 3-15 可知，第一、第二、第三主成分累积贡献率大于 80%，因此，用主成分线性函数可以计算出不同林分土壤各层次的第一、第二、第三主成分值，并根据主成分提供信息量所占权重得到三种林地土壤各层次土壤的综合主成分指数：$Y=0.5817Y_1+0.1767Y_2+0.1138Y_3$（见表 3-16）。第一、第二、第三主成分的线性表达式为：

$$Y_1=0.930x_1+0.049x_2-0.750x_3-0.857x_4+0.797x_5+0.927x_6-0.411x_7$$
$$+0.151x_8+0.933x_9-0.880x_{10}+0.860x_{11}+0.852x_{12}$$

$$Y_2=0.252x_1+0.671x_2+0.567x_3+0.403x_4-0.186x_5+0.062x_6+0.687x_7$$
$$+0.540x_8+0.214x_9-0.352x_{10}+0.385x_{11}-0.057x_{12}$$

$$Y_3=0.040x_1-0.692x_2-0.116x_3-0.166x_4+0.145x_5+0.114x_6+0.409x_7$$
$$+0.760x_8-0.033x_9+0.133x_{10}-0.109x_{11}-0.186x_{12}$$

表 3-16　各样地土壤抗蚀性主成分分析综合指数

土壤层次/cm		阔叶林	构树林	灌木林	农地	平均值
0~20	Y_1	140.06	114.22	87.44	161.71	125.86
	Y_2	115.84	135.13	116.68	141.13	127.19
	Y_3	3.50	12.65	13.09	21.97	12.80
综合指数	Y	102.34	91.76	72.97	121.50	97.14
20~40	Y_1	95.29	64.15	51.45	92.41	75.83
	Y_2	104.08	134.46	117.29	124.02	119.96
	Y_3	14.30	10.56	15.38	29.78	17.51

续表

土壤层次/cm		阔叶林	构树林	灌木林	农地	平均值
综合指数	Y	75.45	62.28	52.41	79.06	67.30
平均综合指数	Y	88.90	77.02	62.69	100.28	

各林分及农地土壤的平均综合指数,表层土壤抗蚀性(97.14)明显高于亚表层土壤的抗蚀性(67.30),这说明总体上土壤的抗蚀性从表层向下有下降的趋势。从表层到亚表层,抗蚀性指标主成分综合分析,变异系数最大的是阔叶林(26.89),从表2-1样地植被概况可以看出,阔叶林地乔木丰富,林下灌木草本也极丰富,表层有丰富的枯落物,生物归还量很大,土壤的结构相比其他样地要好;其次是农地(21.22),这与农地土壤上层受人为活动影响较多有关;变异最小的是灌木林(14.74)和构树林(10.22),这与灌木林枯落物和根系对土壤抗蚀性的积极作用相当,而构树林地,树种单一,对土壤改良作用不如阔叶混交林的效果明显。从表3-16可以看出,灌木林地内表层土壤抗蚀性主成分综合指数最低(72.97),其下层土壤抗蚀性综合指数相比林分林地同样最小,这说明在该地区灌木林地在提高土壤抗蚀性方面效果不如阔叶混交林和乔灌林地。这也体现了保护现有乔木林地的重要性。林地土壤各层主成分平均综合指数为阔叶林(88.90)>构树林(77.02)>灌木林(62.69)。而对照农地土壤大于林地土壤,由于该区农地多是梯田,受人为影响较大,同时土壤坡度很小,只有9°,蓄水保土功能较强,这也说明利用一定的水土保持工程措施,对提高土壤抗蚀性有积极作用。

表层是土壤侵蚀容易发生的土层,3种林分林地土壤表层的主成分综合指数为阔叶林(102.34)>构树林(91.76)>灌木林(72.97),因此林地土壤表层抗蚀性能是常绿阔叶林最好,灌木林最差,这与阔叶林丰富的枯落物厚度和储量从而形成有机质含量丰富的腐殖质层有关,而灌木林枯落物厚度和储量最低,因此其有机质含量也低(9.40g/kg),黏粉粒含量最低,团聚度(49.28)最差。从表3-16可以看出,农地土壤主成分综合指数高于林地土壤,这是因为该农地是梯田,属于水保工程,对土壤结构改良较明显,黏粉粒含量最高,有机质含量丰富(13.11g/kg),土壤的团聚度最大。

亚表层林地土壤主成分综合指数仍然是阔叶林(75.45)最大,而灌木林(62.69)最小,这说明阔叶林对改善土壤结构的重要性,从土壤表层向下,阔叶林地抗蚀性综合指数变异系数最大,表明如果阔叶林地植被遭到破坏,土地易退化,土壤抗蚀性就会急剧下降,进一步说明保护阔叶林的重要性。农地在亚表层综合指数依然最大,在喀斯特地区由于土壤较薄,平均为40~50cm,此层起保水保肥的作用,是生长后期供应水肥的主要层次,其土壤状况也较佳。同时受人为耕作活动的影响，促成农地可耕作层土壤的良好结构，因此其抗蚀性能强。

2. 土壤抗侵蚀性指标聚类分析

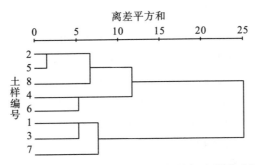

图 3-14　各样地各层次土壤抗蚀性指标聚类谱系图

为了更客观地反映不同林分不同土壤层次的抗蚀性能的相似、相异关系，为消除各指标单位不同带来的干扰，将这 12 项指标标准化处理后，用欧氏距离计算样本点之间的距离，使用离差平方和法计算类间距离，使所分出的类内各样本间的差异最小，各类间的差异最大。对不同林地土壤不同层次的 8 个土壤，进行聚类分析，得到 8 个土样抗蚀性的模糊聚类谱系图，见图 3-14。可将 8 个土壤样本划分为 3 类，第一类为 1、3、7，分别为阔叶林表层、构树林表层、农地表层，其土壤抗蚀性能最强；第二类为 2、5、8，分别为阔叶林亚表层、灌木林表层、农地亚表层，其抗蚀性能次之；第三类为 4、6，分别为构树林亚表层、灌木林亚表层，其抗蚀性能增差。从表层到亚表层土壤抗蚀性能减弱，表层土壤阔叶林和农地土壤抗蚀性能最好或最佳。这与抗蚀性指标主成分综合指数计算结果相一致。

3.3　结论与讨论

(1)黔中喀斯特地区各植被下土壤有机质含量有明显差异，林地内土壤有机质含量明显好于草坡，林地内阔叶林地要好于灌木林地。土壤表层和亚层的变化规律基本一致，林地与无林地有机质含量差异显著，阔叶林地与灌木林地同样存在差异，说明植被类型对土壤抗蚀性能具有一定的影响作用，特别是林地对增加土壤有机质含量有重要作用，从有机质含量指标来看，不同植被类型下的土壤抗蚀性，林地>无林地，阔叶林地>灌木林地。

(2)干湿筛团聚体分析结果表明，喀斯特地区的阔叶林地和灌木林地的土壤，干筛大团聚体结构组成平均在 90% 以上，其中以>5mm 和 5~2mm 两个粒级为主。与土壤有机质含量呈显著关系，在水平方向上，林地土壤干湿筛分析值要高于草地；在垂直方向上，整体表现出各级团聚体含量绝大部分都是表层高于亚层。乔林地大团聚体含量较灌木林地和草地在土壤表层和亚层的增加十分明显，这反映出植被在由乔林退化为灌木林、由灌木林退化成草本的过程中，土壤抗蚀性呈减弱的趋势，单从这个指标来看，土壤抗蚀性能也随之下降，这也反映出阔叶林地对增强土壤抗蚀性的作用。植被退化的过程，是土壤逐渐遭到破坏的过程，也就是土地退化的过程，保护植被非常重要，特别是对林地的保护。从以微团聚体含量为基础的土壤抗蚀性指标来分析得出，研究区各植被下土壤表层抗蚀性强于亚层，林地对提高土壤抗蚀性作用较显著，特别是阔叶林植被效果最好。由有机质含量与四个指标间的相关性可以得出，增加有机质含量，对提高土壤抗蚀性有重要作用。从这项指标来分析抗蚀性强弱顺序为：乔林地＞灌木林地＞草地，进一步证实了植被对土壤抗蚀性的影响效果。通过抗蚀指数分析表明，不同植被下土壤抗蚀性强弱顺序与前几项一致，土壤抗崩解与时间的动态关系最优数学模型为二次多项式函数（$S = at^2 + bt + c$。a，b，c 均为常数），其相关系数最大，F 值也最大，是最理想的数学模型。适合用于该区域内各个植被下土壤抗蚀性能的估测。

　　（3）研究区内各植被下的土壤抗冲性能整体表现为从林地到草地逐渐降低，其中阔叶林地最高；表层土壤的抗冲性能要大于亚层，随着坡度的增加，土壤抗冲性逐渐减弱。显著性分析表明：不同植被下的土壤在同一坡度下的抗冲性显著不同，且随着坡度的加大，这种显著性差异也逐渐增加。土壤表层到亚层的抗冲系数变幅在 3 个坡度上林地要明显大于草地，证明有林地比无林地土壤的抗冲性能要好，而乔林植被对保持水土、提高土壤抗侵蚀能力作用较灌木林要高，所以保护有林地、防止其遭到破坏具有十分重要的意义，植被类型对土壤抗冲性的影响效果也很显著。

　　（4）通过定量分析表明土壤结构性与土壤抗蚀性和抗冲性呈明显的线性关系，关系以二次多项式拟合最好，相关系数和回归分析达到了 0.01 极显著性水平，表明土壤结构性对土壤抗蚀性和抗冲性的影响十分显著，改善土壤结构对提高土壤的抗蚀性和抗冲性有重要的作用。

　　（5）通过对 3 种不同植被类型的样地分析发现，在喀斯特地区石灰岩发育的石灰土下，土壤有机质含量有明显差异，土壤表层和亚表层的变化规律基本一致，阔叶林植被下，从土壤表层到亚表层有机质含量下降剧烈，说明该植被对提高土壤抗蚀性能效果明显，对增加土壤有机质含量有重要作用。通过多个指标对 3 种植被下土壤抗蚀性能进行评价，结果一致，得出 3 种植被下的土壤表层和亚表层的抗蚀性：阔叶林地＞灌木林地＞草地。说明保护阔叶林植被的重要性。合理利用土地，增加和改善土地覆被，有利于提高土壤抗蚀性能。通过抗蚀性指标间的相关性分析得出，在喀斯特地区石灰岩母岩发育的石灰土下，土壤有机质、水稳性团聚体含量、团聚状况、团聚度以及分散率可以作为喀斯特地区石灰岩发育的石灰土的抗蚀性指标。

(6)黔中石灰岩喀斯特 3 种林地土壤及农地土壤各层次土壤的综合主成分指数计算方程为：$Y=0.5817Y_1+0.1767Y_2+0.1138Y_3$。3 种林地抗蚀性能(平均主成分综合指数)为：阔叶林(88.90)>构树林(77.02)>灌木林(62.69)。各林分及农地土壤表层土壤抗蚀性(97.14)高于亚表层土壤抗蚀性(67.30)，土壤抗蚀性从表层向下呈下降趋势。从表层到底层，抗蚀性指标主成分综合分析，变异系数最大的是阔叶林(26.89)，其次是农地(21.22)，变异最小的是灌木林(14.74)和构树林(10.22)，说明保护乔木林植被的重要性。贵州喀斯特地区土层很薄，土壤物理性状差，易发生水土流失，如果植被遭到破坏，将造成严重后果——石漠化，所以要合理利用土地，增加和改善土地覆被，提高土壤抗蚀性能。

(7)通过黔中石灰岩喀斯特林地 3 种类型样地 9 个土壤剖面的表层土壤结构性、土壤抗蚀性能和抗冲性能的研究，结果表明乔木林地的土壤团聚体稳定性以及通气孔隙度明显高于灌木林地和草地，土壤的抗蚀抗冲性也强于其他两种类型样地的土壤，有机质含量对土壤结构的影响显著，乔木林对改善土壤结构有重要作用，林下植被对土壤结构的影响也较大，充分体现出保护林下植被、增加土壤有机物质对改善土壤结构状况收效明显。通过定量分析表明，土壤结构性与土壤抗蚀性和抗冲性呈明显的线性关系，相关系数和回归分析达到了 0.01 极显著性水平，表明土壤结构性对土壤抗蚀性和抗冲性的影响十分显著，改善土壤结构对提高土壤的抗蚀性和抗冲性有重要的作用。用植被来改善土壤结构是一个重要的手段，由于喀斯特地区植被生长缓慢，在脆弱的生态环境中，若植被一旦遭到破坏，逆向演替快，而顺向演替慢，植被恢复将很困难，通过研究发现乔木林地被破坏后若演替为草地，土壤结构状况会变得很差，其土壤抗蚀性能和抗冲性能将大幅度降低，加剧土壤侵蚀，本已浅薄的土层会逐渐变得更薄，基岩逐渐裸露，造成石漠化。因此，要保护植被，预防石漠化的产生；对现有的天然林进行保护，根据石漠化地区严重程度，退耕还林，封山育林。

第4章 喀斯特退化生态系统不同母岩对土壤抗侵蚀性的影响

　　土壤侵蚀是由水力和风力作用引起的土壤颗粒的分离与搬运过程，它对农业生产、生态环境都会产生巨大的负面影响(Morgan, 1995)，朱显谟将土壤的抗侵蚀能力区分为抗蚀和抗冲两种性能(朱显谟和田积莹，1993)。关于土壤抗蚀抗冲性国内外有不少研究报道(Moffat and Mcncill, 1994；王忠林等，2000；周利军等，2006)，在国内黄土区开展的研究工作很多。土壤抗蚀性是指土壤对侵蚀营力分散和搬运作用的抵抗能力，是评定土壤抵抗侵蚀能力的重要参数之一(沈慧等，2000)。土壤抗冲性是土壤抵抗径流对其机械破坏和推动下移的性能。关于土壤抗冲性的研究始于20世纪50年代，进入80年代其研究更是十分活跃，并取得了一些有价值的研究成果(李勇等，1990)。但关于喀斯特地区土壤抗蚀抗冲性的研究很少(徐燕，2005)。成土母岩性质的差异会影响土壤的物理和化学性质，在土壤侵蚀过程中，土壤性质对土壤侵蚀的发生与强度都有重要的影响(David et al.，2003)，因此不同土壤的抗蚀抗冲性能也是不同的。贵州省喀斯特面积为13万 km^2，占贵州省土地总面积的73%，同时喀斯特地区降水量大，地形主要是山地和丘陵，植被覆盖率低。因此，在贵州喀斯特地区通常都会发生土壤侵蚀。土壤侵蚀的结果是土壤退化(黄昌勇，2000)，其已严重制约了贵州省经济的发展，同时贵州的岩石是多样的，发育形成了不同类型的土壤，土壤性质与母岩有着非常密切的关系。

　　不同岩石发育的成土母质不同，对土壤形成及发育的控制过程则不同，从而影响土壤的物理和化学性质，在土壤侵蚀过程中，土壤性质对土壤侵蚀的发生与强度都有重要的影响。土壤侵蚀对母岩具有选择性。母岩的机械性质、坚实性、渗透性、矿物组成和化学特性等，会直接影响成土过程的速度和方向。母岩种类不同，风化程度、成土过程的速度和方向、侵蚀方式、侵蚀强度及侵蚀速率也不一样。此外，岩性还控制着土壤侵蚀的空间分布和发展程度(赖发叶，1985)。在水土保持工作中，我们应重视研究母岩岩性特征对土壤侵蚀过程的特殊作用，从中摸索出各岩类侵蚀区的土集侵蚀规律，以便在防治中采取恰当的措施。

　　因此，研究贵州省喀斯特地区不同岩性土壤的抗蚀抗冲性有重要的意义。为此，笔者对黔中喀斯特地区6种典型成土母岩(石灰岩、白云岩、灰质白云岩、长石石英砂岩、紫色砂岩和紫色页岩）发育形成的土壤的抗蚀抗冲性进行研究，分析不同岩性土壤的抗蚀性与抗冲性强弱及与发育母岩的关系，旨在明确土壤抗蚀抗冲性与土壤母岩的联系，为喀斯特地区的水土流失的预防和治理提供依据。

4.1　材料与方法

4.1.1　样品采集

选择状况大体一致、具有代表性和可比性的样地，土壤样品取用接近发育母岩的心土层土壤，分别由石灰岩、灰质白云岩、白云岩、长石石英砂岩、紫色砂岩和紫色页岩 6 种母岩发育而成。其中，石灰岩岩性土壤取自花溪水库，灰质白云岩岩性土壤取自花溪电视塔山下，长石石英砂岩、紫色砂岩和紫色页岩岩性土壤取自花溪区清华中学后山，白云岩岩性土壤取自贵州大学原南校区山地。石灰岩发育形成的为石灰土；灰质白云岩和长石石英砂岩发育形成的为黄壤土；白云岩发育形成的为黄壤土；紫色砂岩和紫色页岩发育形成的为棕壤土。该试验共有土样 54 个，每种岩性的土壤采集了 3 个样品，每个土壤样品 3 次重复。不同岩性土壤的基本性状见表 2-1 和表 4-1。

4.1.2　试验方法

土壤容重、机械组成、有机质、水稳性团聚体、抗冲系数、抗蚀指数等指标与 3.1 节相同。

4.1.3　评价指标

衡量土壤抗蚀性的指标有很多，由于研究的区域及其他各种条件的差异，对抗蚀性指标的选用也多种多样。目前许多学者多用室内试验来评价土壤抗蚀性（阮伏水和吴雄海，1996）。选用指标取决于许多因素，单一性指标只能反映土壤对侵蚀营力的相对敏感性，无法定量求取已知侵蚀营力下的土壤侵蚀量，由于影响因素复杂，选用多种指标组合则更能全面地反映土壤的实际抗蚀能力（胡建忠等，1998；于大炮等，2003；张金池等，2006）。本书选用 11 个重要的指标：

1. 无机黏粒类

（1）>0.05mm 砂粒含量（x_1）；

(2)0.05~0.001mm 粉粒含量(x_2);

(3)<0.001mm 黏粒含量(x_3);

(4)结构性颗粒指数(x_4),结构性颗粒指数=黏粒含量(<0.001mm)/粉粒含量(0.001~0.05mm)。

2. 微团聚体类

(1)团聚状况(x_5),团聚状况=>0.05mm 微团聚体分析值->0.05mm 机械组成分析值;

(2)团聚度(x_6),团聚度=团聚状况/>0.05mm 微团聚体分析值;

(3)分散率(x_7),分散率=<0.05mm 机械组成分析值/<0.05mm 微团聚体分析值;

(4)分散系数(x_8),分散系数=<0.001mm 微团聚体分析值/<0.001mm 机械组成分析值。

3. 抗蚀类

(1)>0.25mm 水稳性团聚体含量(x_9);

(2)土壤有机质含量(x_{10})(g/kg);

(3)抗蚀指数(x_{11}),抗蚀指数=(总土粒-崩解土粒数)/土粒总数。

4.1.4　数据处理

一般的数据处理以及显著性分析、相关性分析采用 Excel 计算,主成分分析(PCA)采用 SPSS 应用软件进行处理。

>0.05mm 砂粒含量(x_1)	团聚状况(x_5)	>0.25mm 水稳性团聚体含量(x_9)
0.05~0.001mm 粉粒含量(x_2)	团聚度(x_6)	有机质含量(x_{10})
<0.001mm 黏粒含量(x_3)	分散率(x_7)	抗蚀指数(x_{11})
结构性颗粒指数(x_4)	分散系数(x_8)	

4.2　结果与分析

4.2.1　不同母岩发育土壤的基本性质

1. 有机质含量

图 4-1 为 6 种岩石发育形成土壤的有机质含量。从图中可以看出,6 种岩性

发育土壤的有机质含量差异不明显，长石石英砂岩与紫色砂岩发育的土壤有机质的含量较低，由于这两种土壤的母岩中有难以风化的矿物质石英，因此土壤的通透性好，但保水保肥的性能差，土壤中的营养物质容易被释放出去，所以土壤的有机质含量最少。

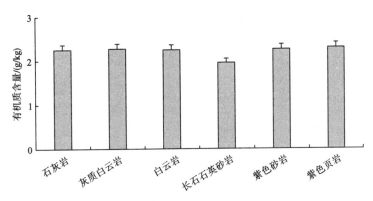

图 4-1　不同岩性土壤有机质含量

2. 土壤质地与容重

由于土壤是由液体、气体、固体三相组成，而土壤的容重决定土壤的水、气、热三相的关系，土壤质地是根据机械组成划分的土壤类型。土壤质地的类别和特点，主要继承了成土母质的类型和特点，一般分为砂土、壤土和黏土三大类，它们的基本性质不同，因而其本身的抗侵蚀能力也有很大差别。质地是土壤的一种十分稳定的自然属性，反映母质来源及成土过程某些特征，因而常被用作土壤分类系统中基层分类的依据之一，与土壤的通气、透水情况有显著关系(黄昌勇，2000)，不同直径的土壤颗粒是土壤的主要组成部分。不同直径的颗粒有着不同的特性：砂粒干燥时呈单粒松散状态，在水中不膨胀，持水性很差，没有收缩性和塑性，毛管性很差；粉粒在水中不易膨胀或膨胀甚小，无塑性，透水性较差，毛管性能较活跃；黏粒湿时具有黏性和可塑性，干时收缩，在水中强烈膨胀，透水性极差，持水能力大，湿时毛管性能活跃，干时毛管易断裂使毛管水上升速度减缓(中国科学院南京土壤研究所，1978)。土壤颗粒组成的数据是研究土壤的最基本资料之一，也是研究与成土母岩之间关系比较好的指标之一(黄昌勇，2000)。

表 4-1　不同岩石发育土壤的颗粒组成与容重

成土母岩	容重/(g/cm³)	砂粒/% >0.05mm	粗粉粒/% 0.05~0.01m	中粉粒/% 0.01~0.005mm	细粉粒/% 0.005~0.001mm	黏粒/% <0.001mm	质地
1	1.37	31.71	7.22	14.02	29.31	17.74	黏土
2	1.33	26.23	8.21	25.53	27.86	12.17	黏土

续表

成土母岩	容重/(g/cm³)	砂粒/% >0.05mm	粗粉粒/% 0.05~0.01m	中粉粒/% 0.01~0.005mm	细粉粒/% 0.005~0.001mm	黏粒/% <0.001mm	质地
3	1.43	39.36	14.71	14.12	14.36	17.45	重壤
4	1.52	46.86	22.04	7.65	9.63	13.82	砂质中壤
5	1.43	56.66	14.27	6.73	10.96	11.38	砂质轻壤
6	1.31	28.72	26.01	11.03	12.29	21.95	重壤

注：1—石灰岩，2—灰质白云岩，3—白云岩，4—长石石英砂岩，5—紫色砂岩，6—紫色页岩，下同

在表 4-1 中，6 种岩性上，石灰岩和灰质白云岩发育石灰土中砂粒含量相对较低，但中粉粒与细粉粒含量最大，土壤比较黏重；白云岩与紫色页岩发育土壤的砂粒含量分别为 39.36% 与 28.72%，粉粒与黏粒含量相当，长石石英砂岩与紫色砂岩发育的土壤砂粒含量最高，达到 46.86% 和 56.66%，粉粒与黏粒含量较少；对土壤质地进行划分，结果为：石灰岩和灰质白云岩发育的土壤为黏土，白云岩和紫色页岩发育的土壤为重壤土，长石石英砂岩发育的土壤为砂质中壤土，紫色砂岩发育的土壤为砂质轻壤土。从土壤的容重的数据来看，紫色砂岩和长石石英砂岩发育土壤的容重较大，土壤的通透性最差，这 2 种岩石发育的土壤，属于砂质壤土，颗粒的排列紧密，因此容重大。反之，其他的岩石发育土壤的容重相对比较小。

4.2.2　不同母岩发育土壤的抗侵蚀性分析

1. 土壤抗侵蚀性指标的选取

分析不同植被下土壤的抗蚀性能，国内外研究大多通过有机质含量、干湿筛团聚体以及微团聚体为基础的指标来评价，但由于根据以上几个指标，每个指标判定抗蚀性强弱结果不一（表 4-3），很难具体判断出 6 种岩性土壤的抗蚀性强弱，故我们选取国内外研究土壤抗蚀性能最常用的 11 个指标（表 4-2），来分析 6 种岩性土壤的抗蚀性能。

表 4-2　土壤抗蚀性指标

>0.05mm 砂粒含量（x_1）	团聚状况（x_5）	>0.25mm 水稳性团聚体含量（x_9）
0.05~0.001mm 粉粒含量（x_2）	团聚度（x_6）	有机质含量（x_{10}）
<0.001mm 黏粒含量（x_3）	分散率（x_7）	抗蚀指数（x_{11}）
结构性颗粒指数（x_4）	分散系数（x_8）	

上述指标体系尽管比较全面，但却显得烦冗复杂，应用起来很不方便，况且有些指标间信息重叠，相互间具有一定的关联性。因此，可以考虑用较少的新指标来代替原有指标，并尽可能保存原有多指标的信息。此处选用主成分分析法，以确定该地区 6 种母岩发育土壤的抗蚀性综合模型，综合评价土壤的抗蚀性。

表 4-3　不同岩性土壤抗蚀性指标平均值

成土母岩	x_1/%	x_2/%	x_3/%	x_4/%	x_5/%	x_6/%	x_7/%	x_8/%	x_9/%	x_{10}/(g/kg)	x_{11}
1	31.71	50.55	17.74	0.503	12.27	24.19	62.27	16.95	9.93	2.254	0.186
2	26.23	61.60	12.17	0.424	15.22	27.47	55.49	16.13	10.49	2.276	0.176
3	39.36	43.19	17.45	0.493	12.44	21.72	65.65	18.01	8.65	2.251	0.186
4	46.86	39.32	13.82	0.245	5.753	15.66	71.05	21.12	10.33	1.953	0.120
5	56.66	31.96	11.38	0.698	9.52	14.38	68.04	26.39	12.06	2.262	0.146
6	28.72	49.33	21.95	0.491	11.93	28.24	68.17	22.56	10.01	2.301	0.144

2. 主成分分析可行性的确定

从表 4-4 中可以看出：KMO 检验(De Roo et al.，1996)值为 0.753，小于 1，根据统计学家 Kaiser 给出的标准，KMO 在 0.7 到 0.8 范围内，较适合作主成分分析，并且 Bartlett 球度检验给出的相伴概率为 0.000，小于显著水平 0.01，因此拒绝 Bartlett 球度检验的零假设，认为相关系数数据不可能是单位阵，也即原始变量(>0.05mm 砂粒含量、0.05~0.001mm 粉粒含量、<0.001mm 黏粒含量、结构性颗粒指数、团聚状况、团聚度、分散率、分散系数、>0.25mm 水稳性团聚体含量、有机质含量、抗蚀指数)之间存在相关性，适合于作主成分分析。

以第一、第二主成分 Y_1、Y_2 所对应的特征向量的 12 个分量，在以 Y_1 为横坐标，以 Y_2 为纵坐标的二维平面上绘制散点图，可得到抗蚀性 12 个指标的直观分类(裴新德，1991)，其结果见图 4-2。综合图 4-2、表 4-4 和表 4-5 及已有研究结果(胡建中等，1998；张金池等，2006)可以得到，衡量土壤抗蚀性最佳的 3 个指标是：>0.25mm 水稳性团聚体含量(x_9)、有机质(x_{11})、团聚度(x_6)。

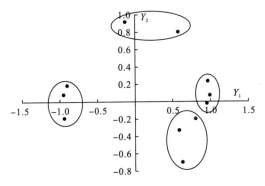

图 4-2　土壤抗蚀性 PCA 排序

表 4-4　KMO 检验与 Bartlett 球度检验结果

KMO 检验	0.753
Bartlett 球度检验	282.071
自由度	55
相伴概率	0.000

表 4-5　变量的共同度

因子	提取前变量的共同度	提取后变量的共同度
>0.05mm 砂粒含量	1.000	0.924
0.05~0.001mm 粉粒含量	1.000	0.916
<0.001mm 黏粒含量	1.000	0.941
结构性颗粒指数	1.000	0.901
团聚状况	1.000	0.948
团聚度	1.000	0.881
分散率	1.000	0.932
分散系数	1.000	0.843
>0.25mm 水稳性团聚体含量	1.000	0.635
有机质含量	1.000	0.915
抗蚀指数	1.000	0.673

提取方法：主成分分析法

由表 4-5 可以看出，主成分分析初始解和最终解计算出的变量共同度。利用主成分分析法得到 11 个特征值，它们是主成分分析的初始解，由于每个原始变量的所有方差都能被成分变量解释，因此每个原始变量的共同度都为 1；而主成分分析最终解计算出的变量共同度都小于 1，这是因为提取成分以后，成分变量个数少于原始变量的个数。例如，提取公共成分后，">0.05mm 砂粒含量"的共同度为 0.924，即提取的公共成分对 ">0.05mm 砂粒含量"的方差作出了92.4%的贡献。从提取后变量的共同度一列的数值可以看出，各个变量的共同度都比较大，说明变量空间转化为因子空间时，保留了比较多的信息，主成分分析的效果是比较显著的。

3. 抗侵蚀性主成分的命名解释及模型的构建

表 4-6 是主成分分析后成分提取的结果。成分的特征根和贡献率是选择公共成分的依据，将抗蚀性的 11 个原始变量转化成 11 个成分。由表 4-6 可以看出，第 1 个公共成分的特征根为 5.831，表示第 1 个成分描述了原有变量总方差的

5.831，方差贡献率为 53.01%，代表了全部成分信息的 53.01%，是最重要的成分；第 2 个成分的特征根为 2.278，代表了全部成分信息的 20.708%，是仅次于第 1 个成分的重要因子；第 3 个成分的特征根为 1.443，代表了全部成分信息的 13.12%，为第 3 重要的成分；其他成分的贡献率依次减少。前 3 个成分的累积贡献率达 85.838%，表明前 3 个成分已经把抗蚀性因子 85.838% 的信息反映出来，因此可以选取前 3 个成分作为抗蚀性评价的综合因子。

表 4-6　全部解释变量

成分	初始特征值			提取结果		
	特征值	方差的贡献率/%	累积贡献率/%	主成分特征值	主成分特征值方差贡献率/%	主成分特征值方差贡献率累积率/%
1	5.831	53.010	53.010	5.831	53.010	53.010
2	2.278	20.708	73.718	2.278	20.708	73.718
3	1.443	13.120	85.838	1.443	13.120	85.838
4	0.959	8.721	95.559	—	—	—
5	0.294	2.671	98.230	—	—	—
6	0.082	0.746	98.976	—	—	—
7	0.043	0.389	99.365	—	—	—
8	0.034	0.306	99.671	—	—	—
9	0.028	0.252	99.923	—	—	—
10	0.007	0.065	99.989	—	—	—
11	0.001	0.011	100.000	—	—	—

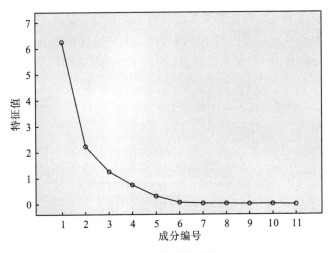

图 4-3　成分碎石图

图 4-3 是成分碎石图。由图中可见，前面 3 到 4 个成分的特征值变化非常明显，到第 3 个特征值以后，特征值变化趋于平稳，因此也说明提取前三个成分可以对原始变量的信息描述有显著作用。

表 4-7　不同岩性土壤的抗蚀性指标主成分分析（PCA）分析结果

因子	主成分		
	1	2	3
>0.05mm 砂粒含量/%	−0.902	0.280	−0.089
0.05～0.001mm 粉粒含量/%	0.872	−0.214	−0.227
<0.001mm 黏粒含量/%	0.402	−0.340	0.815
结构性颗粒指数/%	−0.015	0.540	0.270
团聚状况/%	0.899	0.370	−0.040
团聚度/%	0.909	−0.088	0.215
分散率/%	−0.804	−0.220	0.518
分散系数/%	−0.771	0.386	0.316
>0.25mm 水稳性团聚体含量/%	−0.418	0.673	−0.369
有机质含量/(g/kg)	0.614	0.704	0.305
抗蚀指数	0.759	0.307	−0.047

从表 4-6 和表 4-7 中可以看出第 1 主成分中，>0.05mm 砂粒含量、0.05～0.001mm 粉粒含量、团聚状况、团聚度的载荷量较大，>0.05mm 砂粒含量和 0.05～0.001mm 粉粒含量与颗粒组成有关，把第 1 主成分称为颗粒与团聚类因子；第 2 主成分中，有机质含量、>0.25mm 水稳性团聚体含量的载荷量较大，把第 2 主成分称为有机质与水稳团聚体类因子；第 3 主成分中，<0.001mm 黏粒含量、分散率载荷较大，故把第 3 主成分称为黏粒与分散类因子。根据 3 个主成分中各因子的载荷情况，可以写出不同岩性土壤抗蚀性主成分模型：

$$Y_1 = -0.902x_1 + 0.872x_2 + 0.402x_3 - 0.015x_4 + 0.899x_5 + 0.909x_6$$
$$-0.804x_7 - 0.771x_8 - 0.418x_9 + 0.614x_{10} + 0.759x_{11}$$

$$Y_2 = 0.28x_1 - 0.214x_2 - 0.34x_3 + 0.54x_4 + 0.37x_5 - 0.088x_6 - 0.22x_7$$
$$+0.386x_8 + 0.673x_9 + 0.704x_{10} + 0.307x_{11}$$

$$Y_3 = -0.089x_1 - 0.227x_2 + 0.815x_3 + 0.27x_4 - 0.04x_5 + 0.215x_6$$
$$+0.518x_7 + 0.316x_8 - 0.369x_9 + 0.305x_{10} - 0.047x_{11}$$

4. 不同母岩发育土壤抗侵蚀性综合评价

主成分分析的结果不仅给出了不同岩性土壤抗蚀性主成分模型，还得出变量与因子之间的相关系数，这些相关系数构成因子结构，根据因子结构，我们可以计算出各个样本的主成分得分(表 4-8)。

表 4-8 主成分得分矩阵

因子	主成分		
	Y_1	Y_2	Y_3
>0.05mm 砂粒含量/%	−0.157	0.123	−0.061
0.05~0.001mm 粉粒含量/%	0.155	−0.094	−0.157
<0.001mm 黏粒含量/%	0.069	−0.149	0.565
结构性颗粒指数/%	−0.003	0.413	0.187
团聚状况/%	0.154	0.163	−0.028
团聚度/%	0.156	−0.039	0.149
分散率/%	−0.139	−0.096	0.359
分散系数/%	−0.132	0.169	0.219
>0.25mm 水稳性团聚体含量/%	−0.072	0.208	−0.256
有机质含量/(g/kg)	0.105	0.309	0.211
抗蚀指数	0.130	0.135	−0.033

根据主成分得分(表 4-8)写出主成分得分的函数,具体计算公式如下:

$$Y_1 = -0.157x_1 + 0.155x_2 + 0.069x_3 - 0.003x_4 + 0.154x_5 + 0.156x_6$$
$$-0.139x_7 - 0.132x_8 - 0.072x_9 + 0.105x_{10} + 0.13x_{11}$$
$$Y_2 = 0.123x_1 - 0.094x_2 - 0.149x_3 + 0.413x_4 + 0.163x_5 - 0.039x_6$$
$$-0.096x_7 + 0.169x_8 + 0.208x_9 + 0.309x_{10} + 0.135x_{11}$$
$$Y_3 = -0.061x_1 - 0.157x_2 + 0.565x_3 + 0.187x_4 - 0.028x_5 + 0.149x_6$$
$$+0.359x_7 + 0.219x_8 - 0.256x_9 + 0.211x_{10} - 0.033x_{11}$$

根据主成分提供信息量所占权重计算主成分得分综合指数(胡建忠等,1998;王云琦等,2005)以评价不同母岩发育土壤的抗蚀性综合状况,具体计算公式如下:

$$Y = 0.611Y_1 + 0.238Y_2 + 0.151Y_3$$

利用三个主成分得分函数和主成分综合得分公式计算出 6 种不同岩性土壤抗蚀性强弱综合得分,结果见表 4-9,抗蚀性强弱比较见图 4-4,综合评价的得分值越高说明某岩性土壤的抗蚀性越强,相反,越低的则越弱。从图 4-4 可以非常明显地看出,灰质白云岩发育的土壤抗蚀性最强,综合评价分值为 3.35,紫色砂岩发育的土壤抗蚀性最弱,综合评价分值只有 0.391。6 种岩性土壤的抗蚀性强弱顺序为:灰质白云岩>石灰岩>紫色页岩>白云岩>长石石英砂岩>紫色砂岩。因此,不同岩性的土壤抗蚀性强弱存在差异,岩性不同的土壤抗蚀性能则不同。

岩土矿物中主要含有石英和长石的土壤，往往易遭受强烈侵蚀（王礼先和朱金北，2005），所以长石石英砂岩和紫色砂岩发育土壤抗蚀性在这几种岩性土壤中最弱，因长石石英砂岩和紫色砂岩主要矿物组成就是长石和石英，由较多的粗质结晶颗粒组成，在温度作用下，由于它们的膨胀系数各不相同，易于发生相对错动和碎裂，促进风化作用。因此，这类岩石风化强烈，风化层较厚。风化而成的土壤中砂粒含量高，黏粒含量较少，结构松散，抗蚀能力很弱，易发生土壤侵蚀。紫色砂岩和紫色页岩发育的土壤虽然都是紫色土，但由于其成土母岩性质差异很大，紫色砂岩中的颗粒粗大，组织疏松，并多含石英砂粒，透水容易，风化的土壤易遭受侵蚀。紫色页岩中的颗粒细小，组织致密，透水困难，在热胀冷缩作用下，易产生细小的颗粒，土壤较紫色砂岩发育土壤黏重。灰质白云岩、石灰岩发育土壤虽然抗蚀性相对较强，但因其母岩风化速度很慢，故土层通常较薄，发生土壤侵蚀后，易造成岩石裸露，导致石漠化。

表 4-9　不同岩性土壤抗蚀性主成分得分值

成土母岩	Y_1	Y_2	Y_3	综合得分 Y
石灰岩	−1.604	−2.557	27.502	2.564
灰质白云岩	1.362	−2.485	20.593	3.350
白云岩	−3.843	−1.173	29.425	1.816
长石石英砂岩	−5.668	−0.046	28.891	0.889
紫色砂岩	−8.002	4.704	27.553	0.391
紫色页岩	−4.021	−3.248	34.202	1.935

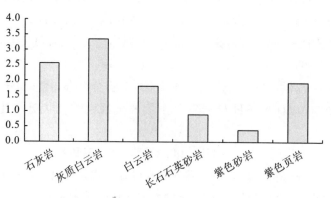

图 4-4　不同母岩发育土壤的抗蚀性综合指数

通过对 6 种岩性土壤的抗蚀性综合指数与容重、颗粒组成相关关系研究，从表 4-10 可以看出，6 种不同岩性土壤的抗蚀性与土壤容重、砂粒含量呈负相关关系，相关系数为 −0.757 和 −0.904，说明在研究条件下，土壤容重越大，土壤抗蚀性则越弱，砂粒含量越大，土壤抗蚀性则越弱。可能是因为土壤容重大，土壤则比较紧实，土壤结构则较差，土壤的抗蚀性较弱。砂粒含量过大，则土壤较粗，土壤抗蚀性较弱，土壤抗蚀性与土壤颗粒组成中的中粉粒含量呈极显著的正相关关系，相关系数为 0.883；与细粉粒含量呈显著的正相关关系，相关系数为 0.831。相关关系表明，随着土壤质地变粗，则抗蚀性变弱，反之，则抗蚀性增强。石灰岩与灰质白云岩发育的土壤为黏土，所以抗蚀性较其他 4 种岩性土壤要好，长石石英砂岩与紫色砂岩发育的土壤都为砂质壤土所以抗蚀性相对最低。因此，可以得出，岩性对土壤抗蚀性的影响效果也是显著的。

表 4-10　不同岩性土壤抗蚀性与容重、土壤颗粒组成相关关系

	容重	砂粒 >0.05mm	粗粉粒/% 0.05~0.01m	中粉粒/% 0.01~0.005mm	细粉粒/% 0.005~0.001mm	黏粒/% <0.001mm
抗蚀性	−0.757*	−0.904**	−0.427	0.883**	0.831*	0.402

注：* 显著 $P<0.05$；** 极显著 $P<0.01$

4.2.3　岩性对土壤抗冲性的影响

不同岩性的土壤由于其母质的影响，在抗冲性上存在明显差异。从图 4-5 中看出，不同母岩发育的土壤在同一坡度下的抗冲系数大小不同，在各个坡度下，土壤的抗冲系数大小规律一致。显著性分析表明（表 4-11），6 种母岩发育的土壤在同一坡度下的抗冲系数显著不同，且随着坡度的加大，这种显著性差异也逐渐增加。6 种岩性发育的土壤中，在每个坡度下，均以灰质白云岩发育的土壤抗冲系数最大，紫色砂岩发育的土壤抗冲系数最小；随着坡度的增大，抗冲系数变幅最大的是长石石英砂岩和紫色砂岩发育的土壤，其中长石石英砂岩发育的土壤坡度从 15° 增大到 30° 时抗冲系数减小 75.21%，紫色砂岩发育的土壤从 15° 增大到 30° 时抗冲系数减小 86.41%，土壤抗冲性大小除与植被类型有关外，与地质因素也有密切关系（王礼先等，2005）。造成 6 种岩性土壤抗冲系数显著差异的原因归根结底是岩性的差异所决定的，即岩性对土壤抗冲性影响效果显著。

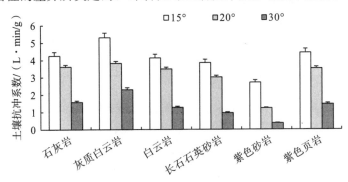

图 4-5　不同岩性土壤在不同坡度下的抗冲系数

表 4-11　不同岩性土壤抗冲性与容重、土壤颗粒组成相关关系

	容重	砂粒 >0.05mm	粗粉粒/% 0.05~0.01m	中粉粒/% 0.01~0.005mm	细粉粒/% 0.005~0.001mm	黏粒/% <0.001mm
抗冲性	−0.805*	−0.932**	0.27	0.726*	−0.074	0.361

注：＊显著 $P<0.05$；＊＊极显著 $P<0.01$

　　从土壤质地和容重方面看，土壤容重是衡量土壤松紧程度的一项指标，其值越大表明土壤越紧实，土壤质地表明了土壤颗粒的排列情况。6 种岩性发育土壤的质地和容重的不同(表 4-12)决定了其抗冲性的不同。从表 4-11 可以看出不同岩性土壤抗冲性与中粉粒含量呈显著的正相关关系，相关系数为 0.726；与>0.05mm 砂粒含量、容重呈极显著和显著的负相关关系，相关系数为−0.932 与−0.805，这些说明在一定程度上，随着容重增大，不同岩性土壤抗冲性减弱；土壤质地的粗细在一定程度上也决定了土壤抗冲性强弱。表 4-1 表明，灰质白云岩和石灰岩土壤质地为黏土，土壤黏重，容重也相对不大，同时也可看出，灰质白云岩岩性土壤容重要稍小于石灰岩岩性的土壤，>0.05mm 砂粒含量也较石灰岩岩性土壤低，故从这 3 方面来看，抗冲性也较其他岩性土壤好。白云岩岩性与紫色页岩岩性土壤质地都为重壤土，土壤质地也较黏重，紫色页岩岩性土壤容重>0.05mm 砂粒含量和也小于白云岩岩性的土壤，所以这两种岩性土壤抗冲性要比灰质白云岩和石灰岩岩性土壤抗冲性差，紫色页岩岩性土壤抗冲性要比白云岩岩性土壤强。由于长石石英砂岩和紫色砂岩属于砂岩，发育的土壤砂粒含量较高，土壤质地也比较松散，都是砂壤土，虽然长石石英砂岩岩性土壤容重稍大于紫色砂岩岩性土壤，但由于后者>0.05mm 砂粒含量比较大，土壤质地更松散些，为砂质轻壤土，所以从这几方面来看，这两种岩性土壤抗冲性最差，而紫色砂岩岩性土壤则最差。

表 4-12　不同母岩发育土壤抗冲性与有机质、>0.25mm 水稳性团聚体、团聚状况、团聚度、分散率、分散系数相关关系

	有机质含量	>0.25mm 水稳性团聚体	团聚状况	团聚度	分散率	分散系数
抗冲性	0.176	0.46	0.628*	0.837**	−0.651*	−0.828**

注：＊显著 $P<0.05$；＊＊极显著 $P<0.01$

　　从有机质含量、>0.25mm 水稳性团聚体、团聚状况、团聚度、分散率、分散系数等几方面来看，不同岩性土壤抗冲性与团聚状况、团聚度呈正相关关系，相关系数分别为 0.628、0.837，与分散率、分散系数呈负相关关系，相关系数分别为−0.651、−0.828，其中与团聚度、分散系数达到极显著相关，说明不同岩性土壤团聚情况越好，分散程度低，则抗冲性越好。表 4-13 还显示，不同岩性土壤抗冲性与土壤有机质含量和水稳性团聚体含量关系不显著，这主要是因为土样均取自接近母岩发育的心层土，土壤受母岩性质影响较大，而有机质含量差异不明显，这就导致土壤中的水稳性团聚含量差异也不明显，所以这两个指标与抗冲性关系不显著。

表 4-13　不同岩性土壤抗冲性显著性分析

	15°	20°	30°
F 值	9.434**	25.017**	27.801**

注：** 极显著，$F_{0.01}(5, 12)=5.06$

表 4-14　不同岩性土壤抗冲性 t 检验

坡度	成土母岩	t 检验值				
		紫色页岩	紫色砂岩	长石石英砂岩	白云岩	灰质白云岩
15°	紫色砂岩	6.342**				
	长石石英砂岩	2.137	4.205**			
	白云岩	1.102	5.241**	1.036		
	灰质白云岩	1.106	9.563**	5.358**	4.322**	
	石灰岩	0.65	5.692**	1.487	0.452	3.871**
20°	紫色砂岩	8.41**				
	长石石英砂岩	1.862	6.548**			
	白云岩	0.107	8.303**	1.755		
	灰质白云岩	1.116	9.526**	2.978**	4.123**	
	石灰岩	0.378	8.788**	2.24*	0.485	2.738*
30°	紫色砂岩	3.999**				
	长石石英砂岩	1.844	2.156			
	白云岩	0.676	3.324**	1.168		
	灰质白云岩	3.1**	7.099**	4.943**	3.775**	
	石灰岩	0.455	4.455**	2.299*	1.131	2.044

注：* 显著性水平 $\alpha=0.05$ 时，$t_{0.025}(12)=2.179$ 差异显著；** 显著性水平 $\alpha=0.01$ 时，$t_{0.005}(12)=3.055$ 差异极显著

通过以上分析及表 4-13 可知，不同岩性土壤抗冲系数存在显著性差异，即抗冲性存在显著差异。通过对各岩性土壤抗冲系数 t 检验可知（表 4-14），6 种岩性土壤抗冲性，当坡度为 15°时，紫色砂岩与其他 5 种岩性土壤差异极显著，灰质白云岩除与紫色页岩差异不显著，与其余岩性土壤差异极显著，其余岩性土壤间差异不显著，当坡度为 20°时，紫色砂岩与其他 5 种岩性土壤抗冲性差异极显

著，长石石英砂岩与灰质白云岩、石灰岩呈极显著和显著差异，当坡度为 30°时，紫色砂岩与其他 5 种岩性土壤差异极显著，灰质白云岩与长石石英砂岩差异极显著，石灰岩与长石石英砂岩差异显著。这些规律说明，在这 6 种岩性的土壤中，紫色砂岩岩性土壤的抗冲性很弱，即使坡度较小时，与其他 5 种岩性土壤相比就很弱，随着坡度的增加差异逐渐增大。坡度较小的时候，白云岩与其他岩性土壤抗冲性差异不明显，随着坡度的增大，差异逐渐达到显著。灰质白云岩岩性与石灰岩岩性土壤的抗冲性随着坡度增加，差异逐渐缩小，因为坡度增大灰质白云岩岩性土壤抗冲性下降幅度较大，石灰岩岩性土壤抗冲性下降幅度小，使两种岩性土壤抗冲性差异变小。紫色页岩除与紫色砂岩差异极显著外，坡度较小时，与其他岩性土壤抗冲性差异不明显，只有当坡度达到 30°时，才与灰质白云岩岩性土壤差异显著。

4.2.4 不同岩性土壤的抗蚀性与抗冲性相关关系

由前面分析可以看出，不同岩性的土壤抗冲性与抗蚀性关系密切，土壤抗蚀性强，抗冲性也强，土壤抗冲性的变化规律与抗蚀性变化趋势基本一致。

土壤抗冲系数与砂粒(>0.05mm)含量、分散系数(%)呈极显著的负相关关系，与团聚度(%)呈极显著的正相关关系。设 Z 为土壤抗冲系数($L \cdot min/g$)，a、b、c 分别为砂粒(>0.05mm)含量、团聚度、分散系数。根据测定数据，回归配线性方程，经 spss 软件运算，结果得出回归方程为

$$Z = -0.072a + 0.008b - 0.007c + 1.544$$

经检验 $F = 34.883$，$F_{0.01}(3, 14) = 2.82$，$n = 18$，极显著。

从上述关系可看到，土壤团聚度大，砂粒含量低，分散系数小则 Z 值增大，土壤抗冲性增强，由此说明，土壤抗蚀性的强弱与土壤抗冲性的强弱是一致的。这是因为土壤抗蚀性越强，标志着土壤结构体的抵抗径流对土壤本身的分散和悬浮能力就越强，结构体不易分散，使之不易被水冲走，故土壤抗冲性就越强。

4.3 结论与讨论

对贵州省中部喀斯特地区 6 种典型成土母岩(石灰岩、白云岩、灰质白云岩、长石石英砂岩、紫色砂岩、紫色页岩)发育的土壤的抗蚀抗冲性进行研究。可将衡量土壤抗蚀性的 12 个指标压缩为 3 个最佳指标。15°、20°、30°三个坡度下的抗冲性显著不同，随着坡度的增加，6 种岩性土壤抗冲性显著差异也逐渐增加；6 种岩性土壤抗冲性变化规律与抗蚀性吻合，土壤抗冲性强弱与抗蚀性强弱趋于

一致。土壤的抗蚀性与抗冲性与成土母岩的性质关系密切。本地区 6 种岩性土壤有机质含量差异不显著，石灰岩和灰质白云岩发育的土壤为黏土，白云岩和紫色页岩发育的土壤为重壤土，长石石英砂岩发育的土壤为砂质中壤土，紫色砂岩发育的土壤为砂质轻壤土。

通过抗蚀性指标选取和可行性分析，用主成分分析法来分析 6 种岩性土壤的抗蚀性，得评价 6 种岩性土壤抗蚀性的主成分分析模型：

$$Y_1 = -0.902x_1 + 0.872x_2 + 0.402x_3 - 0.015x_4 + 0.899x_5 + 0.909x_6$$
$$\quad -0.804x_7 - 0.771x_8 - 0.418x_9 + 0.614x_{10} + 0.759x_{11}$$
$$Y_2 = 0.28x_1 - 0.214x_2 - 0.34x_3 + 0.54x_4 + 0.37x_5 - 0.088x_6 - 0.22x_7$$
$$\quad + 0.386x_8 + 0.673x_9 + 0.704x_{10} + 0.307x_{11}$$
$$Y_3 = -0.089x_1 - 0.227x_2 + 0.815x_3 + 0.27x_4 - 0.04x_5 + 0.215x_6$$
$$\quad + 0.518x_7 + 0.316x_8 - 0.369x_9 + 0.305x_{10} - 0.047x_{11}$$

根据主成分提供信息量所占权重计算主成分得分得到综合评价指数函数：$Y = 0.611Y_1 + 0.238Y_2 + 0.151Y_3$，以评价不同母岩发育土壤的抗蚀性综合状况。抗蚀性强弱排序为：灰质白云岩＞石灰岩＞紫色页岩＞白云岩＞长石石英砂岩＞紫色砂岩。不同岩性的土壤抗蚀性强弱存在差异，则岩性对土壤抗蚀性具有一定的影响。6 种不同岩性土壤的抗蚀性与土壤容重、砂粒含量呈负相关关系，与土壤颗粒组成中的中粉粒含量呈极显著的正相关关系。

不同岩性的土壤由于其母质的影响，在抗冲性上存在明显差异。6 种岩性土壤在同一坡度下的抗冲系数大小不同，在各个坡度下，土壤的抗冲性强弱规律一致。显著性分析表明：在同一坡度下的土壤抗冲性显著不同，且随着坡度的加大，这种显著性差异逐渐增加。土壤抗冲性强弱顺序为：灰质白云岩＞石灰岩＞紫色页岩＞白云岩＞长石石英砂岩＞紫色砂岩，随着坡度的增大，抗冲性变幅最大的是长石石英砂岩和紫色砂岩发育的土壤。6 种岩性土壤的抗冲性与中粉粒含量、团聚状况、团聚度呈正相关关系，与＞0.05mm 砂粒含量、容重、分散率、分散系数呈负相关关系，与有机质含量、水稳性团聚体含量关系不显著。岩性对土壤抗冲性的影响作用同样很显著。

在该区内土壤抗冲性变化规律与抗蚀性吻合，土壤抗蚀性强弱与抗冲性强弱趋于一致。用土壤抗冲系数（Z）表征土壤抗冲性，用砂粒（＞0.05mm）含量（a）、团聚度（b）、分散系数（c）表征土壤抗蚀性，它们之间相关关系如下方程：

$$Z = -0.072a + 0.008b - 0.007c + 1.544$$

由于喀斯特地区地质地貌条件极为复杂，以上论述只是关于黔中地区的研究，对于其他地区是否适合还有待进一步考察，另外由于喀斯特的特殊性和技术手段的限制，可能会造成结果稍微出现偏差。例如，同一岩性不同植被下土壤的采集，由于喀斯特地貌原因的影响可能在坡度、海拔方面，既保证植被完全一致，同时保证地理因子完全一致很困难，只能保证大概的一致性，即：喀斯特地区小生境的异质性导致采样的差异而引起的偏差。本研究在研究土壤抗蚀性方面主要采用国内外目前常用的指标，综合评价了土壤的抗蚀性，是否能够很好地体现喀斯特地区的土壤侵蚀情况，还有待于做进一步的研究。

第5章 喀斯特退化生态系统植被恢复对土壤渗透特性的影响

土壤入渗是降水、地表水、土壤水和地下水相互转化过程中的关键环节，土壤渗透性是描述土壤入渗快慢极为重要的土壤物理特征参数之一，同时也是影响土壤侵蚀的重要因素之一(Turner et al.，1994；张志强等，2001)。土壤水分入渗过程和渗透能力决定了降雨进程的水分再分配，从而影响坡地地表径流和流域产流及土壤水分状况，土壤渗透性能是评价土壤水分调节能力和林分涵养水源的重要指标之一，同时也是影响土壤侵蚀的重要因素之一，是研究土壤水文效应的重要指标(张志强等，2001；李新平等，2003)。已有结果表明(雷廷武，2003；霍小鹏，2009；肖登攀，2009)，土壤渗透性能越好，地表径流就越小，地表流失量也会相应地减少，对土壤水土保持影响极大。因此，研究土壤的渗透性规律对探讨产流机制和植被调洪作用具有重要意义。许多专家建议将"增加土壤入渗，就地拦蓄降雨径流"作为防治土壤侵蚀的战略决策(雷廷武等，2005；马维伟等，2009)。目前，国内外许多学者对土壤水分入渗性能进行了大量研究(Turner et al.，1994；吴钦孝等，2004；雷廷武等，2005；刘道平等，2007；张昌顺等，2009)，并建立了 Green-Ampt、Phillip、Horton 等著名模型及经验公式，对土壤入渗过程进行定量描述和模拟(赵西宁和吴发启，2004；霍小鹏等，2009)。土壤渗透性能与理化性质的关系研究大多集中在物理性质对土壤渗透性能的影响方面(刘道平等，2007；霍小鹏等，2009)，而对土壤化学性质对入渗性能的研究多集中在土壤有机质含量或是土壤肥力综合影响方面(张昌顺，2009；孟广涛，2011)，土壤养分具体指标对土壤渗透性能的影响研究则较少。

喀斯特是一种具有特殊的物质、能量、结构和功能的生态系统，其特征是生态敏感度高，抗干扰能力弱，稳定性差，森林植被遭受破坏后，极易造成水土流失，基岩裸露(周运超，2001)。而且，喀斯特地表成土速率慢，土层瘠薄，产生地表径流后极易发生土壤侵蚀，植被破坏后恢复困难，进而发生石漠化，这将对环境造成极大破坏(袁道先，1993)，因此控制喀斯特地区土壤地表径流量对防止石漠化发生具有一定的影响(路洪海和冯绍国，2002)。针对喀斯特石漠化特殊的环境，石漠化已经成为制约中国西南地区可持续发展最严重的生态地质环境问题，研究不同植被恢复模式下土壤的渗透性规律对探讨产流机制和水土保持作用具有重要意义。本书通过对滇东曲靖市分布的中轻度石漠化地区所进行的不同植被恢复治理模式的土壤入渗的研究，探讨了不同模式下土壤入渗的变化规律，以便为当地土壤侵蚀防治、生态环境保护和石漠化治理提供基础理论依据。

5.1　材料与方法

5.1.1　研究区概况

研究区位于云南省东部曲靖市（103°52′E，25°45′N），海拔 1150~2750m，具有山地季风半湿润气候特征，年平均气温 13.5℃，年均降水量 1300mm，年平均蒸发量 831.3mm，年均日照 1820h。土壤类型主要以红、黄壤土为主，植被属于北亚热带中山常绿针阔混交林带。

本研究区为云南省典型的喀斯特地貌分布区，石漠化土地较多，水土流失严重，石漠化面积占全区的 17.23%，占全区喀斯特地貌面积的 27.45%。其中，轻度石漠化占全区面积的 10.04%，中度占 16.51%，强度占 1.84%，极强度占0.94%。试验区选取滇东高原典型石漠化地段，区域内主要以中轻度石漠化为主，以 4 种植被恢复模式为不同植被恢复阶段进行研究，分别为针阔混交林（云南松 *Pinus yunnanensis* × 华山松 *Pinus armandii* Franch × 麻栎 *Quercus acutissima* Carruth）、针叶林（华山松）、阔叶林（麻栎）及灌草植被［椴叶山麻杆 *Alchornea tiliifolia*（Benth.）Muell. Arg.、盐肤木 *Rhus chinensis* Mill、白茅 *Imperata cylindrica*（Linn.）Beauv.、飞机草 *Eupatorium odoratum* L.，等］模式，各植被治理模式基本概况见表 5-1。

5.1.2　研究方法

在试验区内海拔、坡度相近的典型地段选取 4 种不同植被恢复模式的林地，并以裸地作为对照地开展实验研究。分别在各样地选定典型地段以 5 点法按照0~20cm、20~40cm 采集土壤样品，分装后将土样带回实验室风干、研磨过筛，进行分析。土壤容重采用环刀法；土壤机械组成采用比重计法，土壤含水量采用烘干法（中国科学院南京土壤研究所，1978）。各模式下土壤基本性质状况如表5-1 所示。

表 5-1 不同植被类型样地及土壤基本概况

编号	样地	海拔/m	坡度/(°)	坡向	土层/cm	土壤容重/(g/cm³)	含水率/%	砂粒(2~0.2mm)/%	粉粒(0.2~0.002mm)/%	黏粒(<0.002mm)/%	土壤质地
1	云南松×华山松×麻栎(针阔林)	1565	27	NS	0~20	0.93	23.15	53.33	26.00	20.67	黏壤土
					20~40	1.29	22.87	38.67	31.33	30.00	壤质黏土
2	华山松(针叶林)	1550	22	E	0~20	1.01	23.06	51.00	22.67	26.33	黏壤土
					20~40	1.22	27.50	36.00	32.67	31.33	壤质黏土
3	灌草地	1527	31	N	0~20	1.14	25.82	53.33	22.67	24.00	黏壤土
					20~40	1.41	17.57	48.67	24.67	26.67	黏壤土
4	麻栎林(阔叶林)	1470	25	N	0~20	0.96	29.63	58.27	22.20	19.53	砂质黏壤土
					20~40	1.32	31.46	47.60	26.00	26.40	壤质黏土
5	裸地(CK)	1550	27	E	0~20	1.27	19.56	65.33	16.67	18.00	砂质黏壤土
					20~40	1.45	20.36	60.67	13.33	26.00	砂质壤土

　　土壤渗透性测定采用环刀法(中国科学院南京土壤研究所，1978)。各指标计算的方法为：

　　初渗率=最初入渗时段内渗透量/入渗时间，本研究取最初入渗时间为2min；

　　平均渗透速率=达稳渗时的渗透总量/达稳渗时的时间；

　　稳渗率为单位时间内的渗透量趋于稳定时的渗透速率；

　　因所有土样渗透速率在60min前已达稳定，为了便于比较，渗透总量统一取前60min内的渗透量。

5.2　结果与分析

5.2.1　不同恢复阶段样地土壤渗透时间变化特征

　　水分入渗过程是一个复杂的水文过程，不同林地类型的土壤渗透性存在很大差别(漆良华等，2007；马维伟等，2009)。从图5-1各样地的每个土层不同时刻实测渗透速率动态变化过程看出，各样地土壤渗透速率的变化趋势基本一致，在渗透初期速率较高，随着时间的推移而下降，最后达到稳定状态。随着土壤深度的增加，各样地土壤渗透性差异则越不显著。根据土壤水分渗透曲线可将渗透率大致分为3个阶段：瞬变阶段、渐变阶段和稳定阶段。

　　瞬变阶段发生在渗透的初期，为入渗过程的初始阶段，一般在渗透开始的10～20min内，此时土壤水分未能全部充满孔隙，土壤水分处于非饱和状态，渗透速率变化剧烈，在重力作用下，渗透水量首先供给土壤非毛管孔隙后形成一定的水压，使下渗锋面快速延伸。该阶段受不同模式下土壤物理性质差异的影响大，各样地不同深度土壤入渗速率随时间的下降速率均表现为0～20cm土层下降较快，而20～40cm土层变化较慢，这与下层土壤较上层土壤更为紧实，而使得下层土壤阻隔水分下移有关。

　　土壤渗透渐变阶段的渗透速率继续变小，渗透速率的变化较前一阶段变化稍缓，土壤水分主要受毛管力的作用，土壤水分继续作不平稳的流动，直到全部孔隙充满水分，这一阶段主要发生在10～30min。此阶段主要是水分充满土壤孔隙的过程，入渗变化率要小于第一阶段。

　　渗透的稳定阶段主要发生在30～40min后，土壤逐渐饱和，入渗速率趋向于一个较稳定的数值，此时土壤孔隙已全部充满水分，这时分子力不再起作用，毛管力非常微弱，水分主要在重力作用下作渗透运动，最后达到饱和而接近稳渗。

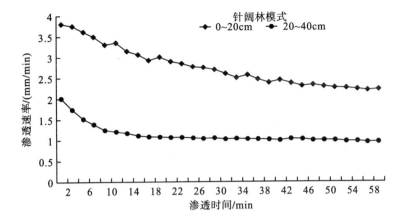

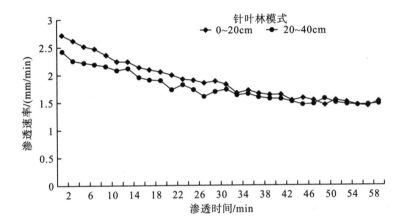

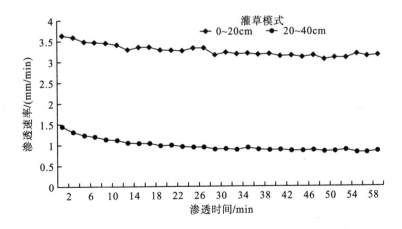

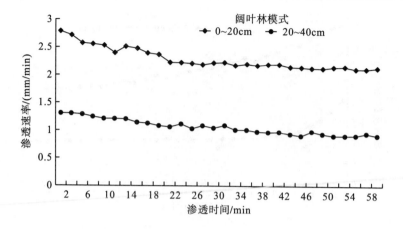

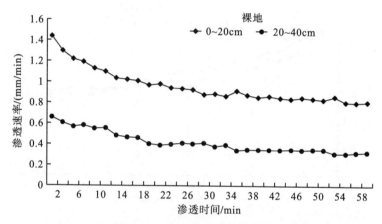

图 5-1　不同模式下土壤各层渗透速率随时间的变化

5.2.2　不同恢复阶段样地土壤渗透性

由图 5-2 可以看出，4 种不同植被治理模式下土壤的渗透性能存在较大差异。各植被治理模式土壤渗透性能指标均好于对照裸地。从各样地 0~20cm 土层来看，以针阔混交林模式的初渗率最大，为 3.80mm/min，灌草植被模式的土壤稳渗率、平均渗透速率和 60min 渗透总量要优于其他模式，分别为 3.14mm/min、4.71mm/min 和 282.89mL，针阔混交林模式次之，而针叶林模式下土壤初渗率、稳渗率、平均渗透速率和 60min 渗透总量分别为 2.71mm/min、1.51mm/min、2.73mm/min 和 163.88mL，与其他 3 种治理模式对比来看其土壤的渗透性相对较差，但要好于无治理措施的裸露地；从 20~40cm 土层来看，以针叶林模式的土壤渗透性各项指标为最大，初渗率、稳渗率、平均渗透速率和 60min 渗透总量分别为 2.42mm/min、1.46mm/min、2.55mm/min 和 153.02mL，其次分别为针阔混交林模式、阔叶林模式和灌草模式，裸地最差。

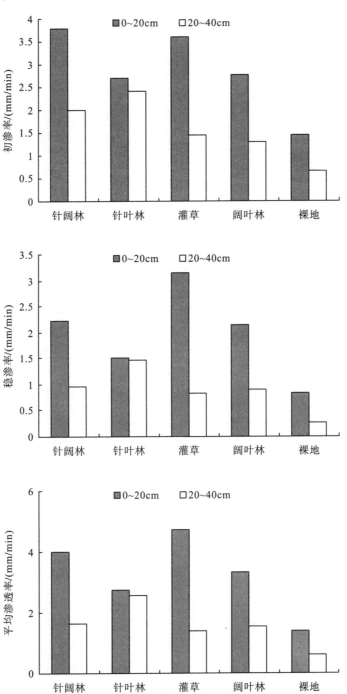

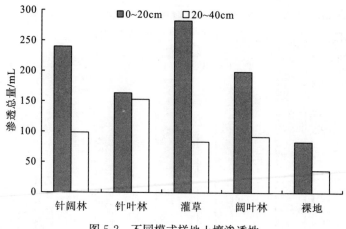

图 5-2　不同模式样地土壤渗透性

从各植被治理模式对土壤垂直结构的渗透性能影响来看，各样地土壤入渗性能均表现为随土壤深度的增加而较小，其中以灌草植被模式下土壤初渗率、稳渗率、平均渗透速率和 60min 渗透总量各指标减小幅度最大，20~40cm 土层较 0~20cm 土层各指标分别减少 60.23%、73.55%、70.51% 和 70.51%；针阔混交林模式下土壤渗透性各指标变化幅度最小，分别为 10.69%、3.42%、6.63% 和 6.63%。可以看出，灌草植被模式下表层土壤渗透性能虽然较好，但由于植被根系较乔林总量较少，对下层土壤结构改良则不如乔木林模式效果好。裸地由于无植被覆盖，土壤容重较大，土壤紧实，从表层到下层整体渗透性均较差且变化不大。

表 5-2　土壤渗透性能的方差分析

源	平方和	自由度	均方和	F	P	F crit
土层因素	149318.9	3	49772.98	26.94	0.003	3.10
植被因素	5134.58	4	1283.65	2.99	0.046	2.87
因素交互	13816.48	12	1151.37	0.62	0.799	2.28
误差	36956.86	20	1847.84			
总计	205226.9	39				

注：$P < 0.01$ 极显著，$P < 0.05$ 显著，$P > 0.05$ 不显著

对土壤渗透性能(初渗率、稳渗率、平均渗透速率及 60min 渗透总量)进行双因素(植被治理模式、土壤层次)方差分析(表 5-2)，结果表明，不同模式下不同土壤层次入渗能力差异显著($P = 0.003$ 和 $P = 0.046$)，各模式的 0~20cm 层土壤渗透性能较 20~40cm 土层好，这可能是由于地表存在植被覆盖，能够为土壤提供更丰富的枯落物，有机物质归还量大，土壤团聚体结构稳定，容重小，而下层

土壤容重大，土壤致密紧实，导致入渗性能较差。总体而言，通过植被治理恢复的喀斯特石漠化地区土壤渗透性能均高于裸地，乔林模式对于提高土壤渗透性效果显著。但根据实际来看，喀斯特石漠化地区土壤存在土层薄、分布破碎、土壤水分含量较少的情况，对于中强度以上石漠化的情况，可以采用灌草结合的方式进行治理。

5.2.3 不同恢复阶段样地土壤渗透性过程拟合

有关土壤水分入渗的数学模型有许多，包括纯经验公式和半理论、半经验模型，如 Green-Ampt 公式、Philip 公式、Kostiakov 经验公式和 Horton 方程等（漆良华，2004；刘道平，2007）。本书结合前人研究成果，选用 4 个概念较为明确、可靠又常用的土壤水分入渗模型对各林分不同层次土壤入渗过程进行模拟：①Kostiakov 公式：$f(t) = at^{-b}$。$f(t)$ 为入渗速率；t 为入渗时间；a、b 为拟合参数。②Horton 公式：$f(t) = f_c + (f_o - f_c)e^{-\beta t}$。$f(t)$ 为入渗速率；t 为入渗时间；f_o 和 f_c 分别为初渗率和稳渗率；β 为经验参数。③Philip 公式：$f(t) = 0.5St^{-1/2} + A$。S 为吸着率（cm/min$^{0.5}$）；A 为稳渗速率。④通用经验公式：$f(t) = a + bt^{-k}$。$f(t)$ 为入渗速率；t 为入渗时间；a、b 为经验参数；k 为拟合参数。

结果（表 5-3）表明：各林分不同层次水分入渗 2 个回归模型均达极显著或显著相关，但模型的拟合优度存在差异。比较 4 种入渗模型的相关系数（R^2）可以看出，其中 Kostiakov 方程拟合优度为 0.880～0.985，Horton 方程拟合优度为 0.551～0.842，Philip 方程拟合优度为 0.733～0.976，通用经验方程拟合优度为 0.903～0.987。在 36 个土壤水分入渗最优模型中，Kostiakov 方程和通用经验方程均有 10 个，占总数的 55.6%，Philip 方程 8 个，占总数的 22.2%，而 Horton 方程只有 1 个，仅占总数的 2.8%，表明在这 4 种模拟土壤水分入渗过程的方程中，Kostiakov 方程和通用经验方程效果最佳，Horton 方程效果最差，Kostiakov 方程和通用经验方程是比较适用于本研究区域不同植被治理模式土壤入渗特征的模型描述和入渗过程的预测。

5.3 结论与讨论

土壤渗透性是评价土壤水源涵养作用重要指标之一，受制于许多外在和内在因素的影响，与植被类型、土壤结构、土壤种类等关系密切。为探讨不同植被模式对喀斯特土壤渗透性能的影响，以裸地为对照，以土壤初渗速率、稳渗速率、平均渗透速率和渗透总量表征土壤渗透性，对滇东喀斯特石漠化地区 4 种不同

表 5-3　不同模式不同层次土壤入渗模型

样地	土壤层次/cm	Kostiakov方程	R^2	Horton 方程	R^2	Philip 方程	R^2	通用经验方程	R^2
针阔林	0~20	$y=5.074t^{-0.197}$	0.926	$y=2.205+1.712e^{-0.065t}$	0.581	$y=1.715t^{1/2}+2.205$	0.798	$y=2.205+5.074t^{-0.197}$	0.926
	20~40	$y=2.08t^{-0.199}$	0.921	$y=0.954+1.044e^{-0.08t}$	0.718	$y=0.929t^{-1/2}+0.954$	0.976	$y=0.954+0.263t^{-0.199}$	0.976
针叶林	0~20	$y=3.703t^{-0.219}$	0.921	$y=1.416+1.292e^{-0.078t}$	0.551	$y=1.334t^{1/2}+1.416$	0.803	$y=1.416+0.434t^{-0.219}$	0.955
	20~40	$y=3.05t^{-0.177}$	0.919	$y=1.443+0.975e^{-0.088t}$	0.724	$y=1.014t^{-1/2}+1.443$	0.801	$y=1.443+0.328t^{-0.177}$	0.941
灌草	0~20	$y=3.825t^{-0.052}$	0.912	$y=3.035+0.586e^{-0.047t}$	0.468	$y=0.544t^{-1/2}+3.035$	0.822	$y=3.035+0.172t^{-0.052}$	0.920
	20~40	$y=1.669t^{-0.178}$	0.983	$y=0.795+0.644e^{-0.009t}$	0.842	$y=0.611t^{-1/2}+0.795$	0.943	$y=0.795+0.187t^{-0.178}$	0.984
阔叶林	0~20	$y=3.05t^{-0.092}$	0.934	$y=2.104+0.661e^{-0.079t}$	0.794	$y=0.701t^{-1/2}+2.104$	0.858	$y=2.104+0.219t^{-0.092}$	0.938
	20~40	$y=1.597t^{-0.133}$	0.880	$y=0.895+0.4e^{-0.093t}$	0.626	$y=0.437t^{-1/2}+0.895$	0.733	$y=0.895+0.145t^{-0.133}$	0.903
裸地	0~20	$y=1.676t^{-0.18}$	0.985	$y=0.795+0.645e^{-0.073t}$	0.789	$y=0.614t^{-1/2}+0.795$	0.942	$y=0.795+0.187t^{-0.18}$	0.987
	20~40	$y=0.894t^{-0.249}$	0.932	$y=0.736+0.348e^{-0.068t}$	0.736	$y=0.356t^{-1/2}+0.306$	0.845	$y=0.306+0.133t^{-0.249}$	0.951

植被治理模式样地(以裸地为对照)的土壤渗透性分析得出，土壤水分渗透曲线可将渗透率大致可分为 3 个阶段：瞬变阶段、渐变阶段和稳定阶段。瞬变阶段发生在渗透开始的 10~20min 内，各样地不同深度土壤入渗速率随时间的下降速率均表现为 0~20cm 土层下降较快，而 20~40cm 土层变化较慢。渐变阶段的渗透速率继续变小，主要发生在 10~30min，入渗变化率要小于第一阶段。渗透的稳定阶段主要发生在 30~40min 以后。

各植被治理模式土壤渗透性能指标均好于对照裸地。0~20cm 土层以针阔混交林模式的初渗率最大，灌草植被模式的土壤稳渗率、平均渗透速率和 60min 渗透总量要优于其他模式，针阔混交林模式次之，针叶林模式较其他 3 种治理模式其土壤的渗透性较差，但要好于无治理措施的裸露地；20~40cm 以针叶林模式的土壤渗透性各项指标为最大，其次分别为针阔混交林模式、阔叶林模式和灌草模式，裸地最差。

各植被恢复模式土壤入渗性能均表现为随土壤深度的增加而较小，其中以灌草植被模式下土壤渗透性各指标减小幅度最大；针阔混交林模式下土壤渗透性各指标变化幅度最小。灌草植被模式下表层土壤渗透性能虽然较好，但由于植被根系较乔林总量较少，对下层土壤结构改良则不如乔木林模式效果好。裸地由于无植被覆盖，土壤容重较大，土壤紧实，从表层到下层整体渗透性均较差且变化不大。

不同模式及不同土壤层次入渗能力差异显著($P=0.003$ 和 $P=0.046$)，通过植被治理恢复的喀斯特石漠化地区土壤渗透性能均高于裸地，乔林模式对于提高土壤渗透性效果显著。但根据实际来看，喀斯特石漠化地区土壤存在土层薄、分布破碎、土壤水分含量较少的情况，对于中强度以上石漠化的情况，可以采用灌草结合的方式进行治理。

土壤入渗过程拟合结果表明：在 4 种模拟土壤水分入渗过程的方程中，Kostiakov 方程和通用经验方程拟合效果最佳，Philip 方程拟合效果次之，Horton 方程效果最差。Kostiakov 方程和通用经验方程是比较适用于本研究区域不同植被治理模式土壤入渗特征的模型描述和入渗过程的预测。

由于大多研究林地土壤渗透性能多集中在表层土或多层土壤的平均渗透指标来比较不同林分各指标的差异，这种研究和评价林地土壤渗透性能的方法不够全面。如降雨历时较长，这时用表层土壤初渗率或稳渗率或平均渗透率就不能真实反映土壤渗透性能与地表径流的关系，此时用下层土土壤渗透性能来评价林地土壤渗透性能更准确，因此，有待于做进一步的研究。

第6章 喀斯特退化生态系统植被恢复对土壤有机碳及生物学特性的影响

目前对石漠化的治理一般采用生态恢复等办法，而生态恢复必须涉及土壤这一关键因子。这就包括了土壤的各项性质。其中土壤酶被认为是可以综合反映土壤肥力的指示指标（张咏梅等，2004）。这是因为土壤酶主要来源于植物残体、植物根系分泌以及土壤微生物作用（关松荫，2006），对土壤生态系统中养分的转化和利用有着不可替代的作用（García-Ruiz et al.，2008），具有受综合因素影响的特征。同时有研究表明，几乎所有土壤退化都伴随着不同程度土壤酶活性的丧失（蒲小鹏，2008），因此对土壤酶的研究十分必要。在不同植被模式下酶活性各有不同。已有研究表明，土壤脲酶和蛋白酶在杉木针叶林中活性显著低于阔叶石楠和混交林（Xing et al.，2010）。Ushio 等（2010）则指出酚氧化酶在不同植被类型之间差异不显著。而一般认为土壤酶活性与土壤养分存在一定相关关系。如脲酶和磷酸酶活性与 C、P、N 等养分循环就有密切关系（Magnuson，1992）。同时酶活性也受到土壤结构、pH、微生物、微量元素等因子的影响。显然在不同植被类型中，影响酶活性的因子非常复杂。

19 世纪 80 年代末开始，土壤酶活性作为土壤质量的生物活性指标就成为土壤酶学的研究重点（Doran and Parkin，1994）。由于土壤理化性质对外界胁迫的响应较慢，因此很多学者都认为土壤的活性组分（如酶活性）更能表征土壤质量（Jin et al.，2009；Merilä，2010）。在土壤这个生态系统中一切生化反应都是在酶的作用下进行的，土壤酶可通过控制土壤养分循环速率指示土壤多功能的有效性，而且它与有机质分解、土壤质量密切相关（Rodriguez-Loinaz et al.，2007；高扬等，2010），并可以反映土壤生物活性的大小（陈彩虹和叶道碧，2010）。因此，土壤酶活性是一个不可忽视的重要指标。土壤有机碳包括动植物、微生物的残体、排泄物、分泌物等，以及土壤腐殖质，其储量并不是稳定的，它是进入土壤的植物等残体量和在土壤微生物作用为主下分解损失量间平衡的结果（任军等，2009）。土壤有机碳是土壤的重要组成部分，是表征土壤质量变化的敏感指标（姜培坤等，2002），它能够直接影响土壤物理、化学和生物学特征，可以用来反映土壤的环境（王清奎等，2005），并对维持生物的生长发育有调控作用。有研究表明，土壤有机碳含量会受到气候、土地利用方式、植被类型等的影响，并且其对土壤结构的形成及稳定性有重要的意义(宇万太等，2007；周程爱等，2009)。

　　喀斯特环境是一种脆弱的生态环境，石漠化是喀斯特地区土壤荒漠化的表现形式之一，可导致土壤质量下降。目前，对于石漠化过程的研究大多集中在土壤理化性质的变异方面(龙健等，2006；周炼川等，2010；盛茂银等，2013)，而对喀斯特山区中土壤酶活性的研究(邹军等，2010)相对较少。同时，喀斯特地区的母质是碳酸盐岩，该岩石是全球最大的碳库，喀斯特石漠化过程中，土壤有机碳的变化对于全球碳循环有非常重要的作用(袁道先，2001)。目前就理化因子与土壤酶活性关系的研究方法中，如路径分析、主成分提取等并不能同时处理多个因变量与自变量的联系(程开明，2006)。这样在一定程度上就偏离了统计因果。所以若能通过某种恰当的分析，在已有的信息情况下无偏地揭示酶活性与环境的因果关系是十分有必要的。结构方程模型不仅可以处理多个自变量与因变量，还具有直观描述隐变量等特点，为探明因果关系提供了有力方法。因此，本研究选择滇东石漠化地区典型不同植被恢复模式(以裸地为对照)，分别获得过氧化氢酶、蔗糖酶、脲酶、多酚氧化酶、蛋白酶、淀粉酶在不同土壤层次的活性。在获得不同植被类型酶活性大小结果的同时，采用结构方程模型分析理化因子和酶活性之间的路径关系。同时，以土壤酶活性作为土壤质量的生物指标，以有机碳含量作为土壤质量的环境指标，通过冗余分析研究土壤酶活性与有机碳的关系，以期进一步认识土壤中植物群落近期可利用养分的含量，同时评价土壤的质量和活力，到在不同植被模式下影响酶活性的因果联系，并将这种联系定量化，从而对滇东地区石漠化生态环境保护和石漠化治理提供基础数据支撑，也为喀斯特环境下脆弱生态系统的恢复提供理论依据。

6.1　材料与方法

6.1.1　研究区概况

　　研究区同 5.1.1。

6.1.2　研究方法

1. 土壤样品采集与测定

　　在四种植被模式下选择出海拔、坡度相近的典型样地(裸地为对照)。因针阔混交林和阔叶林面积较广，于两种模式中均设置两个样地，其余植被模式设置一个样地，样地大小为 20m×20m。在每个样地中分别按照"S"形随机确定 5 个不同样点，再按照机械分层（0～20cm、20～40cm、40～60cm）采集不同深度下土壤样品于 100cm³ 环刀、铝盒、自封袋中。同月，将一部分土壤进行物理性质测定，包括土壤含水量、容重、团聚体等指标。

将一部分土壤风干后碾磨过筛进行土壤化学性质指标的测定。土壤含水量测定采用烘干法；容重测定采用环刀法；团聚体测定采用干筛法；有机质测定采用重铬酸钾加热法；全氮采用全自动定氮仪测定；速效氮测量采用凯氏扩散皿法测定；全磷采用硫酸−高氯酸消煮法测定；有效磷采用比色法测定；全钾、速效钾采用火焰光度法测定。

另一部分新鲜土样过 2mm 筛后放置于冰箱中（3～4℃）低温保存，用于土壤酶活性的测定。测定脲酶活性采用苯酚次氯比色法，以 NH_3^+-N 在 1g 土壤中的量（mg）表示；测定蔗糖酶活性采用 3,5-二硝基水杨算比色法，以葡萄糖含量在 1g 土壤中的量（mg）表示；过氧化氢酶活性采用 $0.1mol/L\ KMnO_4$ 滴定法，以 1h 时 $KMnO_4$ 在 1g 土壤中的消耗量（mL）表示；测定多酚氧化酶活性采用碘量滴定法，以 1g 土壤中 NI_2 的含量（mL）表示；测定蛋白酶活性采用加勒斯江法，以 24h 后 1g 土壤中 NH_2-N 的含量（mg）表示；测定淀粉酶活性采用 3,5−二硝基水杨酸显色反应法，以 24h 后 1g 土壤中麦芽糖含量（mg）表示。每个指标测定时均设置三个重复。

2. 数据处理

1) 土壤酶指数与统计分析

因土壤酶种类较多，各作用不同，且存在信息重叠（王群等，2012），而单一的酶指标并不能全面反映整体酶活性。故使用土壤酶指数（SEI）判别各植被模式土壤酶因子综合作用。土壤酶的变化具有连续性质，因而可先采取描述连续性质的隶属度函数，并从主成分因子负荷量的正负性确定隶属度函数分布的升降型。公式如下：

$$SEI(x_i) = (x_{ij} - x_{imin})/(x_{imax} - x_{imin}) \qquad (6-1)$$

$$SEI(x_i) = (x_{max} - x_{ij})/(x_{imax} - x_{imin}) \qquad (6-2)$$

其中，式（6-1）为升型分布；式（6-2）为型性分布；x_{ij} 表示土壤酶活性的值；x_{imax} 和 x_{imin} 分别表示土壤酶活性的最大、最小值。土壤多酚氧化酶为降型分布，其他酶为升型分布。

因各个酶活性指标的单位不同，故可通过计算主成分贡献率和累计贡献率，然后利用主成分分析因子载荷得到各因子权重。

$$W_i = C_i/C \qquad (6-3)$$

式中，W_i 为各酶指标权重；C_i 为各酶公因子方法；C 为所有酶的公因子方差之和。于是加权得到土壤酶指数（SEI），以客观、全面地反映样地整体酶活性。

$$\text{SEI} = \sum_{i=1}^{n} w_i \cdot \text{SEI}(x_i) \tag{6-4}$$

2)结构方程模型

结构方程模式是广泛应用于心理学、经济学、社会学、行为科学等领域的因果检验模型。是一般线性模型的扩展。如路径分析、因素分析、多元方差分析、多元回归等都可以看作结构方程模型的特例(程开明,2006)。相比于结构方程模型上述方法只能检验自变量和因变量的单一关系(程开明,2006;王酉石和储诚进,2011)。而结构方程模型不仅综合了已有的线性分析方法,还能对变量关系进行验证分析,并拥有严格的统计假设检验办法,且容纳了变量存在的测量误差,因此结构方程模型具备了一般线性分析不具有的能力,如为分析那些不可直接测量的变量(隐变量)之间的结构关系提供了可能(侯杰泰等,2001;程开明,2006)。本研究中理化环境和酶活性环境均是不可直接测量的变量。同时一般认为结构方程模型适用于较大样本($n \geqslant 100$),路径关系较为复杂的结构分析中。然而结构方程模型是检验模型,必须基于一定的理论基础。故也可以适用于有明确理论依据的简单结构(吴明隆,2009)。在本研究中,理论基础为理化因子对酶活性存在影响。已被大量研究证实,即不论何种植被模式下某些养分和酶之间都存在极显著或显著相关(杨式雄等,1994;许景伟等,2000;樊军和郝明德,2003;张咏梅等,2004),表明了养分和酶具有一定固有联系。事实上对于土壤生态系统而言,土壤因子之间都存在着错综复杂的联系。如脲酶同有机质可形成酶-腐殖质化合物(黄巧云和李学恒,1995),有机质对脲酶的稳定和活性具有一定作用。同时脲酶主要聚集在微团聚体上,相当于土壤粒经的黏粒部分。其活性随粒径增大有下降趋势(周礼恺等,1981)。而有机质又影响土壤结构的形成(李小刚等,2002)。可见对于因子联系较多的系统,若将其中一个因子作为研究对象,探讨其他因子对它的影响是十分复杂的。因此为了描述这种影响,可以在逻辑上设存在一个"环境","环境"由不同因子构成。本研究中把理化因子视为构成"土壤环境"的因子,进而影响"酶活性环境",而"酶活性环境"则直接影响不同酶活性。因上述"土壤环境"和"酶活性环境"都不能直接观察,于是具备了结构方程模型中隐变量的特征。

根据结构方程模型,隐变量是指那些不能被直接观测的变量,往往通过显变量对其进行估计。在土壤生态系统中,如各养分指标、物理指标都是可被直接测量的指标,通过对这些显性指标的把握可以评估出土壤整体环境。因而符合结构方程模型的基本思想。结构方程模型分为测量模型部分和结构模型部分。测量模型可衡量隐变量与外显变量之间的关系。

$$\boldsymbol{X} = \Lambda\, x\xi + \delta \tag{6-5}$$

$$\boldsymbol{Y} = \Lambda\, y\eta + \varepsilon \tag{6-6}$$

式中，X 为外生显性变量向量；Y 为内生显性变量向量；Λx 和 Λy 为指标变量(X，Y)的因素负荷量；δ、ε 为外生显性变量与内生显性变量的测量误差；ξ 为外生潜在变量；η 为内生潜在变量。结构模型可反映各潜在变量之间的关系：

$$\eta = B\eta + \Gamma\xi + \zeta \tag{6-7}$$

式中，B 为内生潜在变量之间关系的结构系数矩阵；Γ 为内生潜在变量与外生潜在变量之间关系的结构系数矩阵；ζ 为结构模型中干扰因素或残差值。根据此模型和最大似然法便可建立结构方程模型路径图。在这里将养分因子和物理因子定义为外生显变量；它们构成的环境定义为外生隐变量；受到综合环境影响的酶活性环境定义为内生隐变量；各个酶因子的活性定义为内生显变量。使用 SPSS 和 AMOS 进行结构方程路径分析。其基本路径图的构成要素(徐咪咪，2010)如图 6-1 所示。

单向箭头假定变量间有因果关系，箭头原因变量指向结果变量。

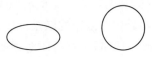

双向弧形箭头表示假定两变量相关，但它们之间没有因果关系。

椭圆或圆表示潜变量或因子。

长方形或正方形表示显变量或指标。

单向箭头指向因子表示内生潜变量。

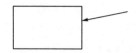

未被解释的部分，单向箭头指向指标表示测量误差。

图 6-1　结构方程模型路径

3）RDA 排序分析

排序用以分析立地条件中诸因子对林分结构的影响。因排序对象的不同，环境变量在包含立地条件的同时也包含林分空间结构或林分非空间结构。预先经过相关性分析，将与林分结构因子相关性较弱的环境因子剔除。在排序前，预先对物种组成即不同林分结构进行 DCA 排序，以选择适合的排序方法。结果表明第一轴长度小于 2.8，因此选择适用于线性变化的 RDA 排序。其排序结果通过 Monte Carlo 置换检验完成。在排序图中，小箭头表示物种这里为林分结构指标，大箭头表示环境因子。箭头连线的长度和与排序轴的夹角分别反映了该因子的比重和与排序轴的相关性。排序使用软件 Canoco4.5 完成。

6.2　结果与分析

6.2.1　不同植被模式下土壤有机碳含量

由表 6-1 可以看出，不同植被模式下不同土层中有机碳含量存在显著差异。研究区内 4 种不同植被模式下 0~60cm 土壤平均有机碳含量为 9.86~21.80g/kg，整体水平上土壤中有机碳含量较高。其中以灌草模式下土壤平均有机碳含量最高，为 21.80g/kg；针叶林模式下土壤平均有机碳含量最低，仅为 9.86g/kg，比灌草模式低近 55%。这主要与不同植被模式下枯枝落叶物现存量、有机碳分解速率不同有关。裸地的土壤平均有机碳含量（6.83g/kg）均低于其他林地模式。

表 6-1　不同植被模式下土壤有机碳含量

样地	林分类型	有机碳/(g/kg)			
		0~20cm	20~40cm	40~60cm	平均
1	云南松×华山松×麻栎（针阔混交林模式）	43.91±0.59a	7.72±0.61a	1.79±0.28a	17.81±18.62
2	华山松（针叶林模式）	19.38±6.06b	6.51±1.27a	3.69±0.01b	9.86±6.83
3	灌草模式	34.05±3.62c	16.27±1.11b	15.08±0.02c	21.80±8.68
4	麻栎林（阔叶林模式）	31.42±0.15c	13.08±0.01c	7.52±0.02d	17.34±10.21
5	裸地（对照）	12.35±0.25d	6.39±0.03a	1.76±0.07a	6.83±4.33

注：不同小写字母表示处理间差异显著（$P<0.05$）

对 4 种不同植被模式（裸地为对照）下不同土层中单位面积有机碳占总土壤有机碳的百分比分析可知（表 6-2），0~20cm 土层单位面积有机碳含量所占百分比顺序依次为：针阔混交林模式（76.10％）＞针叶林模式（59.56％）＞裸地（56.42％）＞阔叶林模式（50.93％）＞灌草模式（44.88％）。20~40cm 土层单位面积有机碳含量所占百分比中，裸地的为 33.32％，针阔混交林模式下为 18.70％，针叶林模式、灌草模式、阔叶林模式下相差不大，为 24.16％~29.15％。40~60cm 土层单位面积有机碳含量所占百分比中，灌草模式（28.60％）＞阔叶林模式（19.92％）＞针叶林模式（16.28％）＞裸地（10.26％）＞针阔混交林模式（5.20％）。对于研究结果中裸地相对阔叶林模式、灌草模式下 0~20cm 土层单位面积有机碳含量所占百分比较高，其原因是研究区的裸地是由林地退化而来，而且退化时间不长，土壤表层中仍含有较多原来积累的有机碳。而对于 20~40cm、40~60cm 土层中单位面积有机碳含量所占百分比为裸地＞针阔混交林模式，主要原因是针阔混交林模式下各树种之间具有相互作用，使得林内凋落物量增加，同时针叶林的存在又使得林内具有较高的温度，加快了凋落物的分解速率，土壤中养分得到及时补充，利于有机碳储存，从而导致表层土的有机碳含量所占百分比极高，20~60cm 土层中其所占比例下降。

受不同植被类型的影响，土壤有机碳含量在土壤剖面的分布也出现差异（表 6-2），各植被模式下不同土壤层中有机碳含量均表现为表层土（0~20cm）最大，其占整个土壤有机碳的比重为 44.8％~76.10％，并且随着土层厚度的增加，土壤有机碳含量均呈下降趋势。其主要原因是植被类型不同，土壤中根系的分布也有很大差异。此外，随着土层厚度的增加分解者的活动强度减弱，导致有机碳含量减少。

表 6-2　不同植被模式下土壤有机碳储量剖面分布

样地	单位面积有机碳占总土壤有机碳的百分比/％		
	0~20cm	20~40cm	40~60cm
1	76.10	18.70	5.20
2	59.56	24.16	16.28
3	44.88	26.52	28.60
4	50.93	29.15	19.92
5	56.42	33.32	10.26

6.2.2　不同植被模式下不同土层土壤酶活性及酶指数

不同植被模式下土壤酶活性存在显著差异（表 6-3）。随着土层的加深，土壤酶活性整体表现出依次减弱的趋势。针阔混交林模式和灌草模式下的土壤酶活性较高，裸地和针叶林模式下酶活性相对较低。过氧化氢酶能将土壤中的有机质氧化，因此可以反映土壤腐殖质化强度（侯杰泰等，2001）。灌草模式下的过氧化氢酶活性最高，各土层含量平均为 4.49mL/g，针叶林模式和裸地土壤中过氧化氢酶活性平均水平分别为 4.16mL/g 和 4.03mL/g，显著低于灌草模式。蔗糖酶直接参与土壤有机质的代谢过程，其活性影响着土壤中有机质的分解转化。不同植被模式下蔗糖酶的排列顺序为针阔混交林模式（5.02mg/g）＞灌草模式（4.78mg/g）＞针叶林模式（4.09mg/g）＞阔叶林模式（3.89mg/g）＞裸地（3.67mg/g）。脲酶活性可以表示土壤中氮素供应情况。灌草模式、阔叶林模式、针阔混交林模式下脲酶活性显著高于针叶林模式和裸地，因此灌草模式下土壤中有机氮的转化过程快于针叶林模式。有研究表明植被对多酚氧化酶活性有较大的影响[25]。从本研究多酚氧化酶活性来看，在 0.92~1.09mL/g，差异较小。阔叶林模式下多酚氧化酶活性相对较高些，针叶林模式下较低。蛋白酶活性以针阔混交林模式下最高，为 0.65mg/g，其次为灌草模式，为 0.56mg/g，针叶林模式和阔叶林模式下分别为 0.40mg/g 和 0.32mg/g。土壤中淀粉酶活性的大小顺序为针阔混交林模式（0.22mg/g）＞阔叶林模式（0.21mg/g）＞灌草模式（0.19mg/g）＞针叶林模式（0.17mg/g）＞裸地（0.13mg/g）。

表 6-3　土壤酶活性垂直变化

样地	土层/cm	过氧化氢酶/(mL/g)	蔗糖酶/(mg/g)	脲酶/(mg/g)	多酚氧化酶/(mL/g)	蛋白酶/(mg/g)	淀粉酶/(mg/g)
1	0~20	4.86±0.23a	6.87±0.28a	68.17±3.23a	1.13±0.02ac	0.68±0.03a	0.24±0.01a
	20~40	4.25±0.18a	4.77±0.08a	63.92±8.21a	0.99±0.03a	0.67±0.14a	0.23±0.01a
	40~60	3.65±0.03a	3.43±0.12a	58.79±2.13ab	0.89±0.04a	0.59±0.05a	0.19±0.02a
2	0~20	4.43±0.08a	4.41±0.23b	64.41±4.08a	0.98±0.03b	0.48±0.03bc	0.25±0.01a
	20~40	4.15±0.28a	4.10±0.03b	59.39±4.21a	0.97±0.01a	0.37±0.02b	0.17±0.01b
	40~60	3.89±0.24ac	3.75±0.12b	55.07±3.87a	0.89±0.01a	0.36±0.01b	0.09±0.00b
3	0~20	4.75±0.17a	6.37±0.22c	67.53±6.52a	1.18±0.02a	0.57±0.04b	0.33±0.01b
	20~40	4.39±0.18a	4.55±0.02a	64.45±7.45a	1.07±0.04b	0.57±0.03ac	0.14±0.00c
	40~60	4.34±0.25bd	3.41±0.07a	64.25±6.22b	0.95±0.02b	0.53±0.08a	0.10±0.00b
4	0~20	4.66±0.32a	5.33±0.12d	66.21±5.46a	1.16±0.04a	0.46±0.10cd	0.37±0.00c
	20~40	4.42±0.05a	3.69±0.07c	62.37±8.56a	1.10±0.02b	0.46±0.05bc	0.12±0.02d
	40~60	4.21±0.39cd	2.65±0.12c	62.99±3.23b	1.01±0.02c	0.45±0.02c	0.14±0.01c
5	0~20	4.35±0.60a	4.09±0.34b	60.87±4.21a	1.08±0.03c	0.48±0.01bd	0.17±0.03d
	20~40	4.12±0.25a	3.65±0.41c	58.35±5.67a	0.90±0.00c	0.46±0.05bc	0.11±0.00d
	40~60	3.63±0.03a	3.28±0.03a	54.21±3.29a	0.79±0.01d	0.45±0.00c	0.10±0.01b

注：不同小写字母表示处理间差异显著（$P<0.05$）

在以上各种酶的基础上，通过计算土壤综合酶指数来表示不同植被模式下多种酶因子的综合作用，从而全面地反映土壤酶活性特征。结果显示各植被模式下酶指数排列顺序为灌草模式（0.499）＞针阔混交林模式（0.498）＞阔叶林模式（0.392）＞针叶林模式（0.352）＞裸地（0.315）。即综合各种酶活性后显示灌草模式和针阔混交林模式下酶活性相对较高。

表 6-3 为各个样地不同层次土壤平均酶活性情况。可知酶活性几乎都随着土壤深度的增加而增加。大部分酶活性变化明显，同时也存在酶在某些样地中活性随深度变化无明显差别。如脲酶活性在样地 1 中变化明显，但在样地 3、4 的某些层中酶活性都十分相近。由表 6-3 可以看出，不同酶活性在不同样地土壤中此消彼长，为了全面综合地衡量每个样地中酶活性的大小，故采用土壤酶指数（SEI）作为衡量标准。结果如图 6-2、图 6-3 所示。

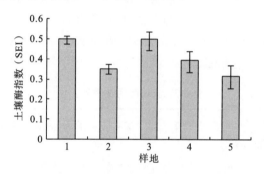

图 6-2　各植被模式土壤酶指数

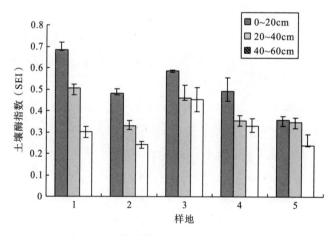

图 6-3　各植被模式不同深度土壤酶指数

各样地酶指数分别为 0.498、0.352、0.499、0.392、0.315。可知样地 1（针阔林模式）、样地 3（灌草模式）、样地 4（阔叶林模式）的土壤酶指数明显大于裸地 5。而样地 2（针叶林模式）和样裸地 5 最为接近。即：灌草模式＞针阔林模式＞阔叶林模式>针叶林模式>裸地。有研究表明在喀斯特地区中酶活性随植物恢复过程逐渐提高(邹军等，2010)，同时也有研究表明微生物数量从高到低存在：灌草丛>常绿阔叶林>针阔混交林>针叶林的大小序列，而酶活性与之类似(赵聪等，2012)。可见对于不同植被模式，酶活性大小并没有确定序列。这是因为仅从植被模式上并不能概括酶存在的具体环境。图 6-3 揭示了不同深度酶活性大小。显然对于乔木下的土壤而言，其酶活性随深度变化明显，这表明了土壤环境随深度改变明显。这可能与植物根系有关，即乔木根的活动深度较灌草强，故明显改变了深层土壤的水热环境，进而改变了酶存在环境。因麻栎是浅根系植物，故样地 4 在这点上表现得不如有针叶植物的模式林明显。另外裸地土壤中层酶活性较大，这表明裸地衰退的时间并不长，土壤中依然存在适宜酶存在的环境。

6.2.3　基于结构方程模型的土壤酶活性与理化因子的关系

表 6-4 列出了不同植被模式下土各土层典型理化指标的平均值。一般认为酶活性和这些指标有关，而这些指标也能在一定程度上反映土壤肥力。其中直径为 0.5~3mm 的团聚体是决定土壤肥力的主要因素之一(尹瑞玲，1985)，为了便于操作，本研究将其直径范围适当扩大到 0.25~3mm，并能包含更多的土壤结构信息。可以看到绝大所属理化指标随着土壤深度的增加表现出下降趋势。pH 正好相反。表 6-5 为各理化因子和 6 种酶 person 相关性分析。由结果可知，含水率、团聚体和酶的相关性均不显著，而蛋白酶也不和任何理化因子表现出相关显著性。其次 pH 仅与脲酶和淀粉酶显著负相关。而其余指标均相互表现出显著、极显著相关性。这说明在石漠化地区的不同植被恢复模式下，即使酶存在的环境千差万别，酶活性也仍然和某些理化因子存在着一定固有联系，且这种联系因石漠化地区从"空白"状态开始积累土壤的原因变得特别明显。事实上这些因子之间也并不孤立，同时也是相互影响后最终表现出确定状态。因此可以通过个别理化指标对土壤环境做出整体估计。同理，某些酶活性也能对酶整体活性环境做出整体估计，于是这为结构方程模型的应用提供了理论依据。

表 6-4　不同植被模式下土壤理化指标

样地	深度 /cm	容重 /(g /cm³)	含水率 /%	团聚体 /%	全磷 /(g /kg)	有效磷 /(mg /kg)	全氮 /(g /kg)	速效氮 /(g /kg)	全钾 /(g /kg)	速效钾 /(mg /kg)	有机质 /(g /kg)	pH
1	0~20	0.93	23.16	37.84	0.31	2.85	3.85	110.72	11.22	72.02	75.7	3.9
	20~40	1.3	22.87	34.33	0.16	0.94	0.68	59.85	10.65	45	13.31	3.97
	40~60	1.56	21.55	32.94	0.13	0.29	0.42	49.12	10.46	23.8	3.083	4.14

样地	深度/cm	容重/(g/cm³)	含水率/%	团聚体/%	全磷/(g/kg)	有效磷/(mg/kg)	全氮/(g/kg)	速效氮/(g/kg)	全钾/(g/kg)	速效钾/(mg/kg)	有机质/(g/kg)	pH
2	0~20	1.01	23.06	57.58	0.33	1.49	1.66	89.33	13.53	65.6	33.41	3.65
	20~40	1.22	27.5	57.27	0.13	0.41	0.58	71.42	12.92	38.03	11.22	3.85
	40~60	1.45	31.2	57.17	0.13	0.36	0.43	58.75	10.74	17.91	6.36	3.96
3	0~20	1.14	25.83	41.14	0.36	12.16	2.94	95.42	14.33	65.55	58.71	4.11
	20~40	1.41	17.58	39.14	0.22	2.52	1.42	78.33	13.53	23.25	28.04	4.09
	40~60	1.64	12.6	39.65	0.22	3.45	1.12	71.43	12.04	20.83	26	4.28
4	0~20	0.96	29.63	53.76	0.38	12.28	2.72	115.03	12.32	59.31	54.17	3.87
	20~40	1.32	31.46	59.86	0.22	1.99	1.24	77.52	12.12	23.12	22.55	4.09
	40~60	1.57	31.8	53.09	0.21	1.03	0.76	40.32	11.73	14.42	12.96	4.2
5	0~20	1.27	19.56	0.48	0.24	2.49	1.38	90.49	11.05	35.79	21.28	4.49
	20~40	1.45	20.36	0.41	0.19	1.3	0.82	53.44	8.05	15.84	11.01	4.7
	40~60	1.62	21.05	0.34	0.19	0.85	0.73	41.96	8.02	13.84	3.04	4.98

表 6-5　土壤酶活性与土壤理化性质相关关系

	过氧化氢酶	蔗糖酶	脲酶	多酚氧化酶	蛋白酶	淀粉酶
土壤容重	−0.754**	−0.815**	−0.627*	−0.689**	−0.215	−0.783**
含水率	0.068	0.018	−0.050	0.233	−0.432	0.208
团聚体	0.312	0.125	0.361	0.335	−0.167	0.265
全磷	0.794**	0.656**	0.739**	0.731**	0.243	0.754**
有效磷	0.634*	0.605*	0.595*	0.696**	0.145	0.772**
全氮	0.852**	0.881**	0.774**	0.779**	0.456	0.694**
速效氮	0.855**	0.806**	0.723**	0.809**	0.256	0.700**
全钾	0.625*	0.406	0.674**	0.668**	0.081	0.487
速效钾	0.741**	0.874**	0.722**	0.646**	0.431	0.864**
有机质	0.901**	0.882**	0.840**	0.810**	0.461	0.706**
pH	−0.479	−0.429	−0.539*	−0.464	−0.123	−0.514*

注：** 表示 $P < 0.01$；* 表示 $P < 0.05$，其中 $n = 105$

本研究所采用的结构方程模型的一般形式如图 6-4 所示。其中 x 表示可被观测到的理化指标，ξ 称为外生隐变量表示影响酶活性的外界环境。η 则为内生隐变量表示酶活性环境，由内生显变量 y 估计。δ、ε、ζ 均为对应残差。结合上文结果选择相关显著的理化因子和酶因子通过结构方程模型来分析理化因子对酶活性影响大小。因土壤单独某酶活性对土壤整体环境的响应各不相同。如有研究表明全磷含量是影响多酚氧化酶最主要因子（郑伟等，2010），而速效钾是影响蔗糖酶活性的最主要因素(Ranjard et al.，2000)。故对影响酶活性的土壤环境不能整体考虑。

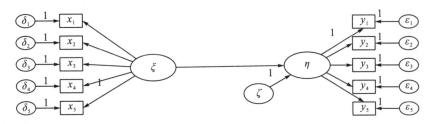

图 6-4　结构方程模型一般形式

即土壤环境中包含了影响某类酶活性的"子环境"，故分析"子环境"和某类酶活性环境的关系才能准确可靠。考虑到某些指标存在共线性影响，如有机质和全氮含量普遍存在线性关系(吴明隆，2009)，故仅考虑有机质。同时结构方程模型要求至少有两个外显变量才能估计出隐变量。图 6-5 和图 6-6 为土壤理化因子与土壤酶活性的最优结构方程模型。其中使用有机质(x_1)、全磷(x_2)、全钾(x_3)、速效钾(x_4)等指标对养分环境进行估计；容重(x)表示了土壤密度，在一定程度上概括了土壤物理环境，对酶活性环境起到作用且和养分环境存在相关关系。而脲酶活性(y_1)、过氧化氢酶活性(y_2)、多酚氧化酶活性(y_3)、蔗糖酶活性(y_4)、淀粉酶活性(y_5)在不同"子环境"下表现出不同活性，本书分成了两类。根据结构方程模型检验指标模型拟合良好，X^2/df 显著度均大于 0.05，接受虚无假设。表 6-6 为具体拟合结果。

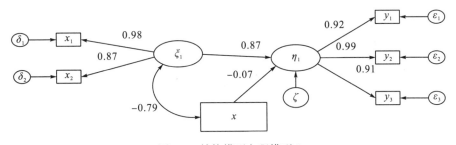

图 6-5　结构模型方程模型 1

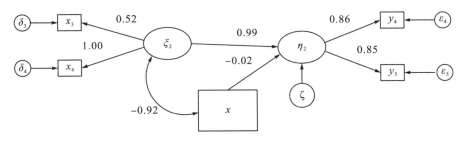

图 6-6　结构模型方程模型 2

　　由结构方程模型拟合结果可知，对于脲酶、过氧化氢酶、多酚氧化酶来说，用有机质和全磷来估计影响上述酶活性的养分环境是可行的。其中有机质和全磷对养分环境的估计都是极显著的（$P<0.01$）。因子载荷量分别为0.98、0.87意味着有机质和全磷受该种养分环境的影响较大。而三种酶对酶活性环境估计也都极显著（$P<0.01$），因子载荷量分别为0.92、0.99、0.91表明三种酶活性受该种酶活性环境的影响也较大。养分环境对酶活性环境的影响系数为0.872（$P<0.01$），较大影响的同时也极为显著。土壤容重对酶活性环境的路径系数为-0.700（$P=0.742$），并不显著。因此对上述酶活性的影响主要来源于由有机质和全磷估计出的养分环境，为促进作用。同理在图6-6中速效钾对养分环境的估计是极显著的（$P<0.01$），且完全受养分环境的影响。而全钾对养分环境的估计为显著（$P<0.05$），受养分环境的影响一般。酶活性环境对蔗糖酶的影响为极显著（$P<0.01$），对淀粉酶活性的影响为显著（$P<0.05$），同时受酶活性环境的影响都较大。然而进一步分析表明养分环境对酶活性环境的影响虽极大，影响系数为0.99，却并不显著（$P=0.408$）。因此使用全钾和速效钾估计养分环境还不够准确，这表明尚需要更多指标对模型进行调整。同时上述模型中土壤容重的作用都并不明显。故土壤容重并非是直接影响酶活性环境的原因。仅与养分环境表现出较大的负相关性，且模型1中为显著负相关，模型2中为非显著负相关。

表 6-6　结构方程模型拟合结果检验

检验指标	指标名称	接受标准	模型 1	模型 2
	残差分析			
RMR	未标准化残差	越小越好	0.162	0.016
	拟合效果指标			
	绝对拟合效果指标			
X^2/df	卡方自由度之比	<3	0.285	0.849
GFI	拟合指数	>0.90	0.965	0.991
AGFI	调整拟合指数		0.902	0.948
	相对拟合效果指标			
NFI	正规拟合指数	>0.90	0.985	0.995
	替代性指数			
NCP	非集中性参数	越小越好	0.000	0.000
CFI	相对拟合指数	>0.90	1.000	1.000

6.2.4　土壤酶活性与有机碳之间的相互耦合关系

　　研究区内 4 种不同植被模式下土壤酶活性与有机碳之间的相关分析表明（表 6-7），有机碳与多种土壤酶活性具有显著相关性。土壤中过氧化氢酶、蔗糖酶、脲酶、多酚氧化酶活性与有机碳均呈极显著正相关，蛋白酶活性与有机碳含量呈不相关性。淀粉酶是参与自然界碳素循环的一种重要的酶，研究表明淀粉酶与土壤有机碳含量存在显著的正相关关系，相关系数为 0.461。除蛋白酶外，土壤有机碳与其他 5 种酶活性均有显著正相关关系，说明土壤有机碳含量大小与土壤中多种酶活性关系密切。

表 6-7　土壤酶活性与土壤有机碳相关关系

	过氧化氢酶	蔗糖酶	脲酶	多酚氧化酶	蛋白酶	淀粉酶
土壤有机碳	0.920**	0.780**	0.735**	0.693**	0.072	0.461*

　　注：** 表示 0.01 水平上显著相关；* 表示 0.05 水平上显著相关，其中 $n=100$

6.2.5　土壤有机碳与土壤酶活性冗余分析

　　土壤酶活性的趋势对应分析显示，第一排序轴的长度小于 3，因此该研究适用线性模型下的冗余分析。Monte Carlo 置换检验排序轴结果显示已达到显著水平（$P<0.05$），表明排序效果良好。

　　图 6-7 中箭头所处的象限代表不同因子与排序轴间的正负相关性，箭头连线在排序轴上投影的长短则表示因子与排序轴间相关性的大小，投影的长度越长，其相关性越大。如图 6-7 上的分布所示，第一排序轴（横轴）包含了绝大部分土壤环境信息，有机碳与第一排序轴呈显著正关系（$P<0.05$），说明土壤酶活性主要受有机碳的影响，此外，全磷和全氮的作用也非常显著。第一排序轴从左到右土壤有机碳呈增加的趋势，生境由有机碳含量较低的针叶林模式过渡到有机碳含量较高的灌草模式和针阔混交林模式，图 6-7 中表明有机碳含量较高的生境中，多酚氧化酶、过氧化氢酶、脲酶、蔗糖酶均有较高含量；与第二排序轴（纵轴）呈显著正相关的是土壤的容重，第二排序轴从上到下土壤容重呈下降的趋势，图 6-7 中表明淀粉酶在土壤容重小的生境中含量较高。因此，RDA 排序图能较直观地反映出土壤中各种酶随着有机碳等环境因子的变化及变化程度。

　　分析土壤酶活性与各环境因子之间的关系，图 6-7 中小箭头代表各种土壤酶活性，大箭头代表土壤环境因子，小箭头连线与大箭头连线之间的夹角代表酶活性与土壤环境因子之间的相关性，相关系数在数值上等于其夹角的余弦值。由图

6-7 可见，有机碳与过氧化氢酶、蔗糖酶、脲酶、多酚氧化酶活性均具有较高的相关性，表明在有机碳含量高的生境中酶活性倾向于越高。而有机碳与淀粉酶之间夹角最大，相关性系数相对低，这与表 6-7 中相关性分析的结果一致。

　　从图 6-7 中各土壤环境因子连线长度可看出，主控因子为有机碳、全磷和全氮。由此可见，有机碳不是土壤酶活性的唯一影响因子，全磷和全氮也是影响土壤酶活性的重要环境因子，它们共同影响着土壤中的酶活性。

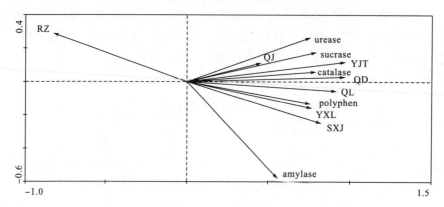

图 6-7　土壤酶活性与多种土壤理化性质的 RDA 排序图

catalase-过氧化氢酶；sucrase-蔗糖酶；urease-脲酶；polyphenol oxidase-多酚氧化酶；amylase-淀粉酶；RZ-容重；QJ-全钾；SXJ-速效钾；YJT-有机碳；QD-全氮；QL-全磷；YXL-有效磷；1—15-样地编号（下同）

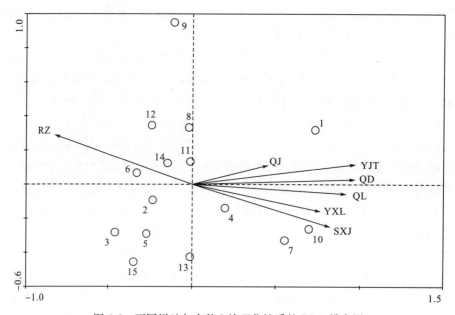

图 6-8　不同样地与多种土壤理化性质的 RDA 排序图

在图 6-8 中，将箭头连线延长，做出某一次样地与环境因子的垂线，沿着环境因子箭头方向环境变量值增大。样地 1（针阔混交林模式）、10（灌草模式）、7（阔叶林模式）、4（针叶林模式）均为 0～20cm 表层土样地。图中综合多种土壤理化性质分析，各样地对多种土壤理化性质做垂线后显示样地 1 值最大，其次为样地 10、7、4，说明近期内针阔混交林模式下土壤表层土中有机碳等养分含量高。综合以上分析，针阔混交林模式和灌草模式是 4 种不同模式中较理想的植被模式。

本研究结果表明不同植被模式下土壤有机碳含量均表现为表层最高。这主要是因为植物的残体、动物的排泄物等主要积累于表土中（徐阳春等，2002），所以有机碳含量的增加在土壤表层更显著。在各种植被模式下都存在土壤中有机质含量高，多种酶活性就越高的规律。这是由于土壤有机碳是酶的载体，高水平的有机碳能促进土壤微生物的活动及酶的合成（Baldrian et al.，2008）。而土壤有机碳含量对不同种类酶活性的影响大小又出现不同，其原因是不同植被模式下土壤有机碳含量长期积累有所差异，而酶对外界环境的变化特别敏感。不同植被模式下有机碳及酶活性有明显差异，是由于不同植被模式下形成不同的土壤小气候（Berger et al.，2002），不同土壤小气候下凋落物生物量越大以及分解速率较快将有利于土壤酶活性的增加（Mukhopadhyay and Joy，2010）。以阔叶林模式为例，由于其林冠层较大，导致其林内土壤表层的温度偏低，低温不利于地表凋落物的分解，使得土壤中有机碳及酶活性相对偏低。

RDA 排序图可以综合多种环境因子，通过排序分析，把排序轴和已知的环境条件联系起来，看某一环境梯度下不同酶活性变化规律，能直观展示土壤中各种酶活性对土壤有机碳的敏感强度，因此可用来探索土壤环境因子与酶活性的内在关系。

6.3 结论与讨论

通过对滇东石漠化地区不同植被恢复模式下的土壤酶进行分析，研究发现在灌草模式和针阔混交林模式下，土壤酶指数极为相近，这说明即使各土壤酶活性不同，但经过某种配比"贡献"后，两种植被模式下的综合土壤酶活性几乎相同，这与余娜等（余娜等，2010）对沙生植被土壤酶活性中踏浪和沙裸地的研究情况相似。若把各个土壤酶指标看作具体的观察变量，土壤酶指数看作隐变量，则这个由观察变量计算获得隐变量的过程体现了一种由外到内的方法，这正是结构方程模型的重要思想（吴明隆，2009；王酉石和储诚进，2011）。即：隐变量的大小虽然无法直接获得，但最终可通过若干可测外显变量获得，特别是在进行因果讨论时，当原因和结果都不能直接测量时，结构方程模型为这种讨论提供了严格准确的数学检验依据(侯杰泰等, 2001)。在本书中, 土壤环境是作为影响土壤酶活性的原因。而这种土壤环境是一种"子环境", 存在于不同植被模式下。但是这种土壤环境并不能被直接观测, 必须通过其他土壤因子来间接观测, 因而符合隐变量的思想。本书主要用养分环境来代替土壤环境。这是因为对于滇东石漠化恢复地区来说, 各个植被恢复模式都有着相同的恢复本底。这种情况下, 养分环境与其他因素存在较为紧密的联系, 所以养分环境的不同也就包含了这种差异。文中的相关性结果则符合了这一判断。事实上这与通过土壤因子来监测土壤肥力、土壤环境变化的思路相一致(Karlen and Stott, 1994; 刘洪鹄等, 2008)。

编者基于结构方程模型, 通过极大似然法估计出了各个路径系数, 借助土壤环境影响酶活性环境的因果关系, 定量地得出土壤"子环境"对某类"酶活性环境"的影响大小。从而讨论土壤理化因子与酶活性的联系。许多研究表明(Schjonning et al., 2003; 刘广深等, 2003; 郑伟等, 2010; 唐海滨等, 2011), 有机质、全氮、全磷是影响脲酶的主要因素, 全氮是影响过氧化氢酶的直接原因, 全磷含量是影响多酚氧化酶和过氧化氢酶活性的最主要因子。本书通过结构方程模型1进一步验证了脲酶、过氧化氢酶、多酚氧化酶活性的变化可为一类, 而蔗糖酶、淀粉酶的活性变化可为一类; 也有研究认为速效钾是影响蔗糖酶活性的最主要因素, 在模型2中得到了体现。另外, 本书并没有直接探讨各理化因子对某类具体酶活性的作用。而是通过建立隐变量之间的联系, 简便直观地解析了多因子复杂耦合现象。如测定的指标里没有直接考虑温度、土壤微生物等影响因子, 将它们作为了可被其他因子估计的隐变量。

结构方程模型在自然科学上的应用还很少。目前有用于森林生态方面的研究。结构方程模型被看作是探索因果理论的工具模型和检验模型, 关于使用该方法研究土壤因子对土壤酶活性的影响, 因参考的文献较少, 文中尚有不足, 而在该方法上还有待于做进一步的研究和推广。

过氧化氢酶、蔗糖酶、脲酶、多酚氧化酶、淀粉酶与养分因子存在极显著或显著正相关, 而土壤容重与上述酶活性表现出极显著负相关。不同植被模式下, 酶指数大小为灌草模式>针阔混交林模式>阔叶林模式>针叶林模式>裸地, 其中灌草模式和针阔混交林模式的酶指数的大小极为相近, 分别为0.499和0.498, 并无明显差异。另外, 酶活性在各个植被模式中, 随土壤深度的变化各不相同。华山松作为深根系植物可能是对这种差别影响较大的原因。

结构方程模型分析表明即使是对于不同样地而言, 由有机质和全磷估计出的养分子环境对由脲酶活性、过氧化氢酶、多酚氧化酶活性构成的酶活性环境存在显著正影响, 影响系数为0.87。而由全钾、速效钾估计出的养分子环境对由蔗糖酶活性、淀粉酶活性构成的酶活性环境的影响系数为0.99, 却并不显著。土壤容重虽然与酶活性存在显著相关关系, 但在结构方程模型中仅与养分环境存在显著负相关，对酶活性环境影响较小，也并不显著。这表明本研究中单纯的土壤容重并不能直接作为影响酶活性的原因。从因子载荷来看，有机质和全磷、全钾和速效钾对各自养分环境的估计都有主要显著作用。而脲酶活性、过氧化氢酶活性、多酚氧化酶活性变化很可能受土壤中同一土壤环境原因的影响，且这些酶的活性变化可为一类。即酶活性环境变化 1 时，则三种酶活性分别变化：0.92、0.99、0.91。

通过对研究区内 4 种不同植被模式下(以裸地为对照)不同层次的土壤酶活性和有机碳含量进行研究分析，结果表明，各植被模式下土壤有机碳含量及酶活性均表现为土壤表层最高，其中针阔混交林模式下表层土中有机碳含量所占百分比最大。针阔混交林模式和灌草模式下土壤有机碳含量较高，与有机碳具有显著相关性的多种酶活性也较高，土壤质量相对较好，这两种模式对提高研究区内土壤有机碳含量及酶活性的作用较显著。

喀斯特地区石漠化危害大、治理难度大，长期以来治理喀斯特地区石漠化的主要手段是封山育林(苏维词，2002)，然而有些地区封山后几年可恢复土壤与植被，有的石漠化地区却长时间不能恢复(王世杰，2002)。已退化的土地不能自然恢复就必须要对其进行生态重建。该研究中针阔混交林模式下主要树种有云南松、华山松、麻栎，这几种树种组合下土壤酶活性及有机碳含量较高，且均是西南地区的乡土物种，不存在潜在的物种入侵问题，具有可操作性，可以应用到研究区内石漠化的防治过程中。而灌草模式下物种种类丰富，则需要进一步的研究。有些研究提出在喀斯特地区可采取乔灌混交林、经济林、草本植物等多种不同模式治理石漠化(苏维词，2002；王世杰，2002；熊康宁等，2006)。在我国西南喀斯特地区，由于不同区域的自然背景、地理位置、石漠化程度有所不同，使喀斯特地区存在复杂性与特殊性，因此采取的措施也具有差异性。在石漠化防治中要依据因地制宜的原则，不断探索出适合本地区、具有本地特点的防治方法。

第7章 喀斯特退化生态系统植被恢复对土壤质量的影响

土壤是植物生长的基质，是人类赖以生存的物质基础。因此，土壤质量的优劣直接影响人类的生产、生活和自身的发展。土壤资源是土地资源的核心组成部分，所以土壤质量与可持续农业的关系十分密切(吴育良，2006)。

土壤质量评价就是对土壤质量高低的评判和鉴定。要进行科学的土壤质量评价杂性，就需要选择合适的评价指标和科学的评价方法。由于土壤本身的许多物理、化学和生物学性质，以及形成这些性质的一些重要过程均对土壤质量产生显著影响。普遍认为土壤质量的评价指标应包括土壤物理学、化学、生物学三个方面的功能(刘晓冰和刑宝山，2002)。影响土壤质量评价指标选择的因素很多，如土壤质量定义的复杂性、控制生物地球化学过程的各种物理、化学和生物学因子及其在时空和强度上的变化等。土壤质量评价是土壤质量研究的基础和重要内容之一，科学的土壤质量评价是基于其评价方法的科学性，因此土壤质量评价方法的研究具有重要的理论和现实意义(刘崇洪，1996)。

评价土壤质量需要考虑土壤的多重功能，而且要把土壤物理、化学和生物学性质结合起来。经研究，植物通过分泌物和枯落物对土壤理化性状和微生物的影响显著。所以，关于供试区域土壤质量的评价指标，根据前人经验可分为三类(周玮，2007)：①土壤物理性状指标：土壤容重、土壤机械组成、土壤团聚体；研究表明，这3种物理学指标对于土壤质量的变化反应灵敏。②土壤养分含量：有机质、全氮、速效氮、全磷、速效磷、全钾、速效钾；土壤的养分可以对土壤质量、健康和作物生产力产生巨大的影响，因而将其作为衡量土壤质量的重要指标。③土壤酶活性特征：由于土壤微生物对控制植物和动物材料的分解、生物地球化学循环(氮素固定)、土壤结构的形成和施入土壤中的有机物质的归宿均有作用，因此，土坡微生物是土壤质量的有机组分。土壤酶活性的重要作用并不是仅仅测定每秒的生物学活性，而是作为反映管理措施和环境因子引起的土壤生物学和生物化学变化的指标，尤其是非专一性和水解性的土壤酶活性(如蔗糖酶活性)十分适合作这种指标(孙波等，1997)。因此本研究采用土壤养分含量、土壤酶活性和物理性质对土壤质量进行评价。

7.1 材料与方法

7.1.1 研究区概况

研究区同 5.1.1。

7.1.2 研究方法及评价指标体系和原则

土壤采集及处理方法、土壤理化性质及土壤酶的测定方法同 6.1.2。以空间代时间的方法，选择 4 种植被恢复方式，分别为针阔混交林（云南松 *Pinus yunnanensis* ×华山松 *Pinus armandii* ×麻栎 *Quercus acutissima*）、针叶林（华山松）、阔叶林（麻栎）及灌草植被（椴叶山麻杆 *Alchornea tiliifolia*、盐肤木 *Rhus chinensis*、白茅 *Imperata cylindrica*、紫茎泽兰等 *Ageratina adenophora*）。现从土壤物理、养分和酶活性三个方面分别对不同植被恢复模式效果进行评估。

土壤肥力评价、土壤环境质量评价按照其评价目的和服务对象不同，其指标体系各有特色。无论采取何种方法评价土壤质量，选择合适的土壤质量评价指标都是重要的，而且也是一项基础工作。应尽可能少地选择指标，运用复合指标、生物指标等（王博文和陈立新，2006）。因为影响土壤质量的指标有很多，有地貌条件、气候条件、土壤条件、生产条件、植被条件等，如果每一个项目都要选择评价指标，不仅会增加实际调查的工作量，而且大量的实践经验也证明完全没有这个必要，只需从诸多指标中选取少数几个能够真实全面反映土壤的评价指标即可，具体原则如下（高晓晶，2007）：

（1）特定性原则。选择对特定土地用途或土地利用方式有明显影响，在本区内有明显差异，并能出现临界值的指标作为评价指标。

（2）稳定性原则。即选择那些持续影响土地用途的较稳定的因子，使土地评价成果资料在较长一段时间内具有应用价值。

（3）数据采集的可能性原则。土壤评价所涉及的指标较多，应尽量选择基础资料较完整、可进行计量或估量的指标，便于定量分析。

（4）相关性原则。土地作为特殊的研究对象，影响其质量的各项评价指标之间无时无刻不进行着物质和能量的交换和转移，评价指标之间做到完全不相关是不可能的，但应尽量选择那些相对独立的指标。

7.1.3　评价指标的确定

考虑影响喀斯特森林植被退化最直接的因素土壤肥力状况，根据上述选择原则，选取了土壤理化指标：土壤 pH、有机质、全氮、全磷、速效钾、碱解氮、速效磷、团聚体组成、含水率、容重；土壤生物指标：脲酶活性、过氧化氢酶活性、蔗糖酶活性、蛋白酶活性、淀粉酶活性、多酚氧化酶活性。土壤养分指标包括土壤反应指标(pH)，养分供应缓冲性指标(有机质)，以及对植被生物量影响较大的土壤养分指标，如全氮、全磷、碱解氮、速效磷、速效钾，它们都是森林植被生长的必需元素，也是最关键的因素。而土壤质地和团聚体结构组成对土壤水、肥、气、热状况以及土壤生物有重要的影响和制约，成为土壤物理性质分析必不可少的分析项目。土壤质量是通过评价物理学、化学、生物学三方面参数来评估的，生物参数中的土壤酶参与土壤中几乎所有的生化反应过程。从一定意义上来说，土壤酶能改变整个生态系统的功能(张玉兰等，2005)。而这些酶之中以土壤脲酶、过氧化氢酶、蔗糖酶、蛋白酶活性、淀粉酶活性作为评价土壤肥力状况指标的居多。具体的土壤质量评价模型如图 7-1 所示。

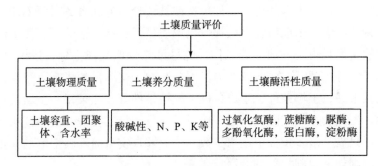

图 7-1　土壤质量评价模型

1. 土壤质量评价法

土壤质量的综合评价综合指数法一般分为 3 个步骤：因子的选择、权重的确定和综合指标的获得。由于土壤因子变化具有连续性质，故各评价指标采用连续质的隶属度函数，并从主成分因子负荷量值的正负性确定隶属度函数分布的升降性。与各因子对植被的效应相符合，对于黏粒含量和土壤容重采用降型分布函数，而对于土壤含水量、空隙度及各项化学因子和生物因子采用升型分布函数，因土壤理化性质种类较多，各作用不同，且存在信息重叠，而单一的理化指标并不能全面反映土壤肥力。土壤理化性质的变化具有连续性质，因而可先采取描述连续性质的隶属度函数，并从主成分因子负荷量的正负性确定隶属度函数分布的升降型。升型分布函数和降型分布函数的计算公式如下：

$$\text{SEI}(x_i) = (x_{ij} - x_{i\min})/(x_{i\max} - x_{i\min}) \tag{7-1}$$

$$\text{SEI}(x_i) = (x_{\max} - x_{ij})/(x_{i\max} - x_{i\min}) \tag{7-2}$$

其中，式(7-1)为升型分布；式(7-2)为降型分布；x_{ij} 表示理化指标的值；$x_{i\max}$ 和 $x_{i\min}$ 表示土壤理化指标中的最大值和最小值。由于各因子的负荷量均为正，因此均使用升型隶属度。

2. 综合指数评价

采用土壤综合指标 IFI(Integrated Fertility Index)评价不同植被恢复方式的土壤质量。综合土壤肥力指标值是一个全面反映土壤养分肥力状况的指标，其值的大小表示土壤综合养分的高低。根据模糊数学中的加乘法原则，土壤综合评价指标值计算公式为

$$\text{IFI} = \sum_{i=1}^{P} W_i \times N_i \tag{7-3}$$

式中，W_i、N_i 分别表示第 i 个指标的权重和隶属度。

7.2　结果与分析

结合上述的研究内容以影响土壤质量的关键主导性因子为评价指标，建立评价指标体系，采用模糊数学法和综合评分法，构建土壤质量评价模型，对各植被模式下(以裸地为对照)土壤质量进行评价，判断不同模式的治理效果，揭示各个模式对控制土壤退化的作用效果。

7.2.1　植被恢复对土壤物理质量的影响

森林植被是喀斯特环境的命脉，对喀斯特环境水分的循环和贮存、养分的归还和积累有着至关重要的作用。不同的植被类型在降水的再分配、土壤结构的改善和养分保存能力方面有较大差异，植被越好，形成的生态系统结构越复杂，稳定性和抗干扰能力越强，环境脆弱性越小。但在人为干扰下，其群落从顶级常绿落叶阔叶混交林阶段、灌木灌丛阶段、灌草群落阶段、草本群落阶段，最后演变到荒草地，植被数量明显减少，群落高度明显降低，植物根系在土壤中占的比例逐步减少，根系可以深入到土壤中的数量和范围降低，对土壤疏松作用降低。另外，由于植物根系的生长代谢，分泌大量的有机物质，土壤微生物的积极活动对土壤的团粒结构形成有重要作用，植被退化使得该作用力减小，影响土壤物理性

质(朱守谦，2003)。

一般认为土壤容重小时，土壤质地疏松，蓄、滞水能力较好，可以一定程度地减轻径流冲刷。同时土壤团聚体对养分起着稳定的作用。因而可以确定在隶属度函数中土壤容重为降序排列而含水率与土壤团聚体为升序排列。

各植被恢复阶段下土壤物理指标如表 7-1 所示。分析结果如表 7-2～表 7-6 所示。从表 7-6 可知，不同恢复阶段的样地的土壤物理质量综合排序为：阔叶混交林地(0.857)>针叶林地(0.810)>针阔混交林地(0.550)>灌木林地(0.467)>裸地(0.214)。

表 7-1 不同植被类型下土壤物理因子

植被类型	深度/cm	土壤容重/(g/cm³)	含水率/%	团聚体%(0.25~5mm)
针阔混交林	0~20	0.93	23.16	37.84
	20~40	1.30	22.87	34.33
	40~60	1.56	21.55	32.94
针叶林	0~20	1.01	23.06	57.58
	20~40	1.22	27.50	57.27
	40~60	1.45	31.20	57.17
灌草	0~20	1.14	25.83	41.14
	20~40	1.41	17.58	39.14
	40~60	1.64	12.60	39.65
阔叶混交林	0~20	0.96	29.63	53.76
	20~40	1.32	31.46	59.86
	40~60	1.57	31.80	53.09
裸地	0~20	1.27	19.56	0.48
	20~40	1.45	20.36	0.41
	40~60	1.62	21.05	0.34

表 7-2 各物理因子公因子方差

指标	土壤容重/(g/cm³)	含水率/%	团聚体/%(0.25~5mm)
公因子方差	0.394	0.722	0.772

表 7-3 各物理因子权重

指标	土壤容重/(g/cm³)	含水率/%	团聚体/%(0.25~5mm)
权重	0.209	0.382	0.409

表 7-4　不同植被类型下各物理因子隶属度

植被类型	深度/cm	土壤容重/(g/cm³)	含水率/%	团聚体/%(0.25~5mm)
针阔混交林	0~20	1.000	0.560	0.630
	20~40	0.479	0.545	0.571
	40~60	0.113	0.475	0.548
针叶林	0~20	0.887	0.555	0.962
	20~40	0.592	0.790	0.956
	40~60	0.268	0.986	0.955
灌草	0~20	0.704	0.701	0.685
	20~40	0.324	0.264	0.652
	40~60	0.000	0.000	0.660
阔叶混交林	0~20	0.958	0.903	0.898
	20~40	0.451	1.000	1.000
	40~60	0.099	1.018	0.886
裸地	0~20	0.521	0.369	0.002
	20~40	0.268	0.411	0.001
	40~60	0.028	0.448	0.000

表 7-5　不同植被类型下各物理因子评价指数

植被类型	土壤容重/(g/cm³)	含水率/%	团聚体/%(0.25~5mm)
针阔混交林	0.332	0.604	0.715
针叶林	0.364	0.891	1.175
灌草	0.215	0.369	0.817
阔叶混交林	0.314	1.117	1.138
裸地	0.170	0.470	0.001

表 7-6　不同植被类型下物理性质综合评价指数

植被类型	针阔混交林	针叶林	灌草	阔叶混交林	裸地
IFI 值	0.550	0.810	0.467	0.857	0.214
等级	三级	二级	四级	一级	五级

7.2.2　植被恢复对土壤养分质量的影响

喀斯特石漠化过程是以植被破坏、水土流失、岩石裸露为基本的特征，其本质的特征是土壤质量的退化，随着乔林群落—乔灌过渡群落—灌木灌丛群落—稀灌草坡或草坡群落—稀疏灌草从群落的演替，群落的高度，盖度随退化程度加深而下降，石漠化强烈的地方形成稀疏植被覆盖的类似荒漠景观，喀斯特生境的光照、养分、水分等生态因子发生剧烈的变化，伴随植被退化，土壤养分发生明显的变化。

喀斯特植被群落的变化不仅改变土壤物理性质，同时影响土壤化学性质。植被系统退化，使之失去了植被的保护作用，导致土壤淋失量增加，同时由于生境向旱生方向演变，土壤有机质分解速度加快，使土壤氮、磷、钾在淋溶作用下流失加剧；另一方面是由于森林环境的消失，生物种类和数量急剧减少，生物富集作用不断减弱，母岩矿化减缓，使土壤养分含量减少（戴礼洪等，2008）。

表 7-7　不同植被类型下土壤养分指标

植被类型	深度/cm	有机质/(g/kg)	全N/(g/kg)	有效N/(mg/kg)	全K/(g/kg)	有效K/(mg/kg)	全P/(g/kg)	有效P/(mg/kg)
针阔混交林	0~20	75.700	3.845	110.700	11.200	72.000	0.310	2.840
	20~40	13.309	0.680	59.800	10.600	45.000	0.150	0.940
	40~60	3.083	0.400	49.100	10.400	23.800	0.130	0.290
针叶林	0~20	33.406	1.656	89.300	13.500	65.600	0.320	1.490
	20~40	11.217	0.584	71.400	12.900	38.000	0.130	0.410
	40~60	6.359	0.400	58.700	10.700	17.900	0.120	0.360
灌草	0~20	58.706	2.900	95.400	14.300	65.500	0.360	12.150
	20~40	28.043	1.400	78.300	13.500	23.200	0.220	2.510
	40~60	26.004	1.100	71.400	12.000	20.800	0.210	3.450
阔叶混交林	0~20	54.170	2.700	115.000	12.300	59.300	0.380	12.280
	20~40	22.550	1.200	77.500	12.100	23.100	0.220	1.990
	40~60	12.960	0.700	40.300	11.700	14.400	0.210	1.030
裸地	0~20	7.095	0.459	30.288	3.700	11.929	0.107	1.828
	20~40	3.670	0.273	17.812	2.700	5.281	0.060	1.098
	40~60	1.012	0.242	13.985	2.700	5.281	0.054	0.832

各指标的公因子方差百分比反映了它对土壤养分总体变异的贡献，作为各项养分指标的权重值用 SPSS 软件分析出各项的公因子方差，结果如表 7-8 所示。然后根据公因子方差计算出各项指标的权重，结果见表 7-9。用式(7-1)和式(7-2)计算隶属度值见表 7-10。将表 7-8 和表 7-9 的权重和隶属度值运用式(7-3)计算出土壤养分质量综合指标值，得到表 7-11、表 7-12。

　　各植被恢复阶段下土壤养分指标如表 7-7 所示。分析结果如表 7-8～表 7-12 所示。从表 7-11 可知，不同恢复阶段的样地的土壤养分质量综合排序为：灌草地(0.577)＞阔叶混交林地(0.517)＞针阔混交林地(0.469)＞针叶林地(0.396)＞裸地(0.047)。

表 7-8　各养分因子公因子方差

指标	有机质	全氮	有效氮	全钾	有效钾	全磷	有效磷
公因子方差	0.903	0.882	0.909	0.525	0.817	0.931	0.551

表 7-9　各养分因子权重

指标	有机质	全氮	有效氮	全钾	有效钾	全磷	有效磷
权重	0.163	0.160	0.165	0.095	0.148	0.169	0.100

表 7-10　不同植被类型下各养分因子隶属度

植被类型	深度/cm	有机质	全氮	有效氮	全钾	有效钾	全磷	有效磷
针阔混交林	0～20	1.000	1.000	1.000	0.733	1.000	0.785	0.213
	20～40	0.165	0.122	0.474	0.681	0.595	0.294	0.054
	40～60	0.028	0.044	0.363	0.664	0.278	0.233	0.000
针叶林	0～20	0.434	0.392	0.779	0.931	0.904	0.816	0.100
	20～40	0.137	0.095	0.594	0.879	0.490	0.233	0.010
	40～60	0.072	0.044	0.462	0.690	0.189	0.202	0.006
灌草	0～20	0.772	0.738	0.842	1.000	0.903	0.939	0.989
	20～40	0.362	0.321	0.665	0.931	0.269	0.509	0.185
	40～60	0.335	0.238	0.594	0.802	0.233	0.479	0.264
阔叶混交林	0～20	0.712	0.682	1.044	0.828	0.810	1.000	1.000
	20～40	0.288	0.266	0.657	0.810	0.267	0.509	0.142
	40～60	0.160	0.127	0.272	0.776	0.137	0.479	0.062
裸地	0～20	0.081	0.060	0.169	0.086	0.100	0.163	0.128
	20～40	0.036	0.009	0.040	0.000	0.000	0.018	0.067
	40～60	0.000	0.000	0.000	0.000	0.000	0.000	0.045

表 7-11　不同植被类型下各养分因子评价指数

植被类型	有机质	全氮	有效氮	全钾	有效钾	全磷	有效磷
针阔混交林	0.194	0.186	0.303	0.197	0.277	0.222	0.027

续表

植被类型	有机质	全氮	有效氮	全钾	有效钾	全磷	有效磷
针叶林	0.105	0.085	0.303	0.238	0.234	0.212	0.012
灌草	0.239	0.208	0.347	0.260	0.208	0.326	0.144
阔叶混交林	0.189	0.172	0.326	0.229	0.180	0.336	0.120
裸地	0.019	0.011	0.034	0.008	0.015	0.031	0.024

表 7-12　不同植被模式下养分质量综合评价指数

植被类型	针阔混交林	针叶林	灌草	阔叶混交林	裸地
IFI 值	0.469	0.396	0.577	0.517	0.047
等级	三级	四级	一级	二级	五级

7.2.3　植被恢复对土壤酶活性质量的影响

　　土壤酶在很大程度上来源于土壤中的微生物释放的累积在土壤中的游离胞外酶，同样它也可能来源于植物和土壤动物。植物可直接或间接地影响土壤酶的含量，植物活的根系对土壤酶活性的影响，一方面在于植物根系能够分泌胞外酶，另一方面也可能是根系刺激了土壤微生物的活性(曹慧等，2003)，改变了微生物分泌的酶的种类和活性。植物残体(含凋落物和根系脱落物)在分解的过程中也能向土壤释放酶，或者通过对土壤动物和微生物区系的作用间接影响到土壤酶活性。土壤酶大部分都以物理或化学作用吸附在有机和无机土壤颗粒上，并与土壤无机成分结合在一起而成为吸附态酶(张焱华等，2007)。

　　在没有或很少有人为干扰的情况下，喀斯特生态系统处于较稳定的状态，系统内生物种类数量相对较多，且活力较高；而在人为对森林植被的破坏作用不断加大，原生林地逐步向灌丛草地演替的过程中，生态系统功能迅速下降，物种数量锐减，植被趋于单一化，土壤微生物、植物根系和动植物残体数量不断减少，土壤酶活性也发生了相应的变化(刘方，2009)。

　　使用同样的方法对各植被模式样地的土壤进行酶活性分析。参考相关文献和实际因子负荷的正负，可知土壤多酚氧化酶为降形分布，其他酶为升形分布。分析结果见表7-13。

表 7-13　不同植被类型下各酶活性因子

植被类型	土壤深度/cm	过氧化氢酶/(mL/g)	蔗糖酶/(mg/g)	脲酶/(mg/g)	多酚氧化酶/(mL/g)	蛋白酶/(mg/g)	淀粉酶/(mg/g)
针阔混交林	0~20	4.86	6.87	68.17	1.13	0.68	0.24
	20~40	4.25	4.77	63.92	0.99	0.67	0.23
	40~60	3.65	3.43	58.79	0.89	0.59	0.19
针叶林	0~20	4.43	4.41	64.41	0.98	0.48	0.25
	20~40	4.15	4.10	59.39	0.97	0.37	0.17
	40~60	3.89	3.75	55.07	0.89	0.36	0.09
灌草	0~20	4.75	6.37	67.53	1.18	0.57	0.33
	20~40	4.39	4.55	64.45	1.07	0.57	0.14
	40~60	4.34	3.41	64.25	0.95	0.53	0.10
阔叶混交林	0~20	4.66	5.33	66.21	1.16	0.46	0.37
	20~40	4.42	3.69	62.37	1.10	0.46	0.12
	40~60	4.21	2.65	62.99	1.01	0.45	0.14
裸地	0~20	1.45	1.36	21.29	0.37	0.28	0.14
	20~40	1.37	1.30	20.45	0.33	0.21	0.06
	40~60	1.21	1.14	18.40	0.30	0.23	0.05

表 7-14　各酶活性公因子方差

指标	过氧化氢酶	蔗糖酶	脲酶	多酚氧化酶	蛋白酶	淀粉酶
公因子方差	0.988	0.698	1.000	0.967	0.691	0.357

表 7-15　各种酶活性权重

指标	过氧化氢酶	蔗糖酶	脲酶	多酚氧化酶	蛋白酶	淀粉酶
权重	0.210	0.148	0.213	0.206	0.147	0.076

表 7-16　不同植被类型下各酶活性隶属度

植被类型	深度/cm	过氧化氢酶	蔗糖酶	脲酶	多酚氧化酶	蛋白酶	淀粉酶
针阔混交林	0~20	1.000	1.000	1.000	0.127	1.000	0.491
	20~40	0.454	0.532	0.341	0.537	0.607	0.470
	40~60	0.020	0.192	0.409	0.810	0.640	0.281
针叶林	0~20	0.728	0.405	0.671	0.568	0.351	0.541
	20~40	0.263	0.380	0.304	0.569	0.004	0.231
	40~60	0.044	0.272	0.020	0.754	0.000	0.000

续表

植被类型	深度/cm	过氧化氢酶	蔗糖酶	脲酶	多酚氧化酶	蛋白酶	淀粉酶
灌草	0~20	0.951	0.890	0.720	0.000	0.618	0.811
	20~40	0.592	0.493	0.433	0.343	0.632	0.178
	40~60	0.481	0.200	0.507	0.618	0.354	0.046
阔叶混交林	0~20	0.725	0.660	0.701	0.112	0.058	1.000
	20~40	0.746	0.269	0.206	0.210	0.214	0.039
	40~60	0.215	0.000	0.631	0.453	0.295	0.142
裸地	0~20	0.146	0.301	0.409	0.310	0.427	0.160
	20~40	0.263	0.176	0.125	0.700	0.223	0.059
	40~60	0.000	0.179	0.000	1.000	0.343	0.008

表 7-17   不同植被类型下各酶活性因子评价指数

植被类型	过氧化氢酶	蔗糖酶	脲酶	多酚氧化酶	蛋白酶	淀粉酶
针阔混交林	0.292	0.343	0.325	0.263	0.170	1.394
针叶林	0.206	0.210	0.185	0.338	0.027	0.965
灌草	0.402	0.315	0.309	0.172	0.121	1.318
阔叶混交林	0.335	0.185	0.286	0.138	0.043	0.987
裸地	0.081	0.130	0.099	0.359	0.075	0.745

表 7-18   不同植被类型下酶活性综合评价指数

植被类型	针阔混交林	针叶林	灌草	阔叶混交林	裸地
IFI 值	0.498	0.352	0.499	0.392	0.315
等级	二级	四级	一级	三级	五级

由表 7-18 可知，各样地酶指数分别为 0.498、0.352、0.499、0.392、0.315。可知样地针阔混交林、灌草、阔叶混交林的土壤酶指数明显大于裸地。即：灌草地（0.499）＞针阔混交林（0.498）＞阔叶混交林（0.392）＞针叶林（0.352）＞裸地（0.315）。

7.2.4   植被恢复对土壤质量的综合影响

为能更好地反映喀斯特森林退化过程中土壤质量的变化，使评价的结果更具有可比性，本研究将具体运用综合土壤质量指数法，对不同植被类型下的土壤质量进行进一步的研究。表 7-19 为所有因子的公因子方差及权重。表 7-20 和表 7-21 为各样地土壤质量综合评价结果。不同植被类型下土壤质量综合指数排序为：灌草(0.52839)＞阔叶混交林(0.51883)＞针阔混交林(0.51880)＞针叶林(0.46099)＞裸地(0.16522)。

表 7-19　各因子公因子方差及权重

因子	公因子方差	权重
有机质	0.92	0.068
全氮	0.913	0.068
有效氮	0.937	0.069
全钾	0.93	0.069
有效钾	0.875	0.065
全磷	0.908	0.067
有效磷	0.679	0.050
过氧化氢酶	0.617	0.046
蔗糖酶	0.926	0.069
脲酶	0.571	0.042
多酚氧化酶	0.97	0.072
蛋白酶	0.931	0.069
淀粉酶	0.788	0.058
土壤容重	0.762	0.056
含水率	0.804	0.060
团聚体	0.97	0.072

表 7-20　不同植被类型下各因子评价指数

植被类型	针阔混交林	针叶林	灌草	阔叶混交林	裸地
有机质	0.027	0.015	0.033	0.026	0.003
全氮	0.026	0.012	0.029	0.024	0.002
有效氮	0.042	0.042	0.049	0.046	0.005
全钾	0.048	0.057	0.063	0.055	0.002
有效钾	0.040	0.034	0.030	0.026	0.002
全磷	0.029	0.028	0.043	0.045	0.004
有效磷	0.004	0.002	0.024	0.020	0.004
过氧化氢酶	0.022	0.016	0.031	0.026	0.006
蔗糖酶	0.039	0.024	0.036	0.021	0.015
脲酶	0.025	0.014	0.023	0.022	0.008
多酚氧化酶	0.035	0.045	0.023	0.019	0.048

植被类型	针阔混交林	针叶林	灌草	阔叶混交林	裸地
蛋白酶	0.052	0.008	0.037	0.013	0.023
淀粉酶	0.024	0.015	0.020	0.023	0.004
土壤容重	0.030	0.033	0.019	0.028	0.015
含水率	0.031	0.046	0.019	0.058	0.024
团聚体	0.042	0.069	0.048	0.067	0.000

表 7-21　不同植被类型下综合评价指数

植被类型	针阔混交林	针叶林	灌草	阔叶混交林	裸地
IFI 值	0.51880	0.46099	0.52839	0.51883	0.16522
等级	二级	四级	三级	一级	五级

7.3　结论与讨论

对各植被模式下(以裸地为对照)土壤质量进行评价,判断不同模式的治理效果,建立土壤质量评价模型为

$$IFI = \sum_{i=1}^{P} W_i \times N_i$$

式中,W_i、N_i 分别表示第 i 个指标的权重和隶属度。

土壤理化性状质量综合评价结果为:灌草(0.577)>阔叶混交林(0.517)>针阔混交林(0.469)>针叶林(0.396)>裸地(0.047);土壤养分质量评价为:灌草地(0.577)>阔叶混交林地(0.517)>针阔混交林地(0.469)>针叶林地(0.396)>裸地(0.047);土壤酶活性质量评价为:灌草模式(0.499)>针阔混交林(0.498)>阔叶混交林(0.392)>针叶林(0.352)>裸地(0.315);土壤质量综合评价结果为:灌草(0.5283)>针阔混交林(0.5188)>阔叶混交林(0.5185)>针叶林(0.4609)>裸地(0.1652)。

此次研究主要针对喀斯特退化生态系统中人工恢复植被区域的土壤理化性质、土壤酶活性等的研究,由于喀斯特区植被和不同母岩对土壤形成的影响很大,喀斯特自然恢复植被下土壤与人工恢复植被系统存在一定差异,本次研究结果虽然能评价喀斯特退化系统植被恢复对土壤质量的影响,但要较全面地完成喀斯特系统退化对土壤质量的影响的研究,还必须考虑其他区域、地貌类型、岩性等的影响,同时还应结合喀斯特区影响植被生长的非土壤质量因素进行研究。

参 考 文 献

《中国荒漠化(土地退化)防治研究》课题组，1998. 中国荒漠化(土地退化)防治研究[M]. 北京：中国环境科学出版社.

安和平，2000. 北盘江中游地区土壤抗蚀性及预测模型研究[J]. 水土保持学报，14(4)：38-42.

白红英，唐国利，1999. 植被破坏对黄土性土壤肥力发展的影响[J]. 西北农业大学学报，27(1)：33-37.

包维楷，陈庆恒，1999. 生态系统退化的过程及特点[J]. 生态杂志，18(2)：36-42.

曹慧，孙辉，杨浩，等，2003. 土壤酶活性及其对土壤质量的指示研究进展[J]. 应用与环境生物学报，9(1)：105-109.

柴宗新，1989. 试论广西岩溶区土壤侵蚀[J]. 山地研究，7(4)：255-260.

常恩福，李品荣，陈强，等，2001. 滇东南岩溶山区4个树种的造林试验结果分析[J]. 云南林业科技，2：7-12.

常庆瑞，安韶山，刘京，等，1999. 黄土高原恢复植被防止土地退化效益研究[J]. 土壤侵蚀与水土保持学报，5(4)：6-9.

陈彩虹，叶道碧，2010. 4种人工林土壤酶活性与养分的相关性研究[J]. 中南林业科技大学学报，30(6)：64-68.

陈光升，钟章成，齐代华，2002. 缙云山常绿阔叶林土壤酶活性与土壤肥力的关系[J]. 四川师范学院学报(自然科学版)，23(1)：19-23.

陈灵芝，陈伟烈，1995. 中国退化生态系统研究[M]. 北京：中国科技出版社.

陈强，常恩福，李品荣，等，2001. 滇东南岩溶山区造林树种选择试验[J]. 云南林业科技，3：11-16.

陈喜，张志才，容丽，等，2014. 西南喀斯特地区水循环过程及其水文生态效应[M]. 北京：科学出版社.

陈晓平，1997. 喀斯特山区环境土壤侵蚀特性的分析研究[J]. 水土保持学报，(4)：351-361.

陈祖松，1997. 不同治理模式的红壤物理性质与渗透性能研究[J]. 福建林学院学报，17(3)：197-201.

陈祖拥，刘方，蒲通达，等，2009. 贵州中部喀斯特森林退化过程中土壤酶活性的变化[J]. 贵州农业科学，37(2)：47-51.

程开明，2006. 结构方程模型的特点及应用[J]. 统计与决策，(10)：22-25.

戴洪礼，2006. 喀斯特植物系统变化对土壤和水环境质量的影响及评价[D]. 贵阳：贵州大学.

戴礼洪，闰立金，周莉，2008. 贵州喀斯特生态脆弱区植被退化对土壤质量的影响及生态环境评价[J]. 安徽农业科学，36(9)：3850-3852.

党坤良，雷瑞德，1995. 秦岭火地塘林地区不同林分水源涵养效能的研究[J]. 土壤侵蚀与水土保持学报，1(1)：79-84.

丁文峰，李占斌，2001. 土壤抗蚀性研究动态[J]. 水土保持科技情报，1：36-39.

董宾芳. 2006. 我国西南岩溶地区石漠化问题研究——以滇黔桂三省区为例[J]. 西北师范大学学报

(自然科学版)，42(2)：90-95.

董慧霞，李贤伟，张健，等，2005. 不同草本层三倍体毛白杨林地土壤抗蚀性研究[J]. 水土保持学报，19(3)：70-78.

樊军，郝明德，2003. 黄土高原旱地轮作与施肥长期定位试验研究 Ⅱ. 土壤酶活性与土壤肥力[J]. 植物营养与肥料学报，9(2)：146-150.

高贵龙，邓自民，熊康宁，等，2003. 喀斯特的呼唤与希望——贵州喀斯特生态环境建设与可持续发展[M]. 贵阳：贵州科技出版社.

高华端，2003. 贵州岩溶地区地质条件对水土流失的影响[J]. 山地农业生物学报，22(1)：20-22.

高维森，1991. 土壤抗蚀性指标及其适用性初步研究[J]. 水土保持学报，5(2)：60-65.

高维森，王佑民，1991. 黄土丘陵区柠条林地土壤抗蚀性[J]. 西北林学院学报，6(3)：70-78.

高晓晶，2007. 北京市房山区土壤质量评价研究[D]. 北京：首都师范大学.

高扬，毛亮，周培，等，2010. Cd，Pb 污染下植物生长对土壤酶活性及微生物群落结构的影响[J]. 北京大学学报(自然科学版)，46(3)：339-345.

关松荫，1987. 土壤酶及其研究方法[M]. 北京：科学技术出版社.

关松荫，张德生，张志明，1986. 土壤酶及其研究法[M]. 北京：农业出版社.

郭培才，王佑民，1989. 黄土高原沙棘林地土壤抗蚀抗冲性及其指标的研究[J]. 西北林学院学报(1)：80-86.

郭培才，张振中，杨开宝，1992. 黄土区土壤抗蚀性预报及评价方法研究[J]. 水土保持学报，6(3)：48-51.

国家林业局，2000. 森林土壤分析方法(中华人民共和国林业行业标准)[S]. 北京：中国标准出版社.

何纪星，朱守谦，韦小丽，1997. 喀斯特森林树种的 PV 曲线研究、喀斯特森林树种对水分亏缺的适应类型、喀斯特森林树种水势特征初步研究、喀斯特森林树种蒸腾特性初步研究. 见：朱守谦，主编. 喀斯特森林生态研究(Ⅱ). 贵阳：贵州科技出版社.

侯杰泰，温忠麟，成子娟，2001. 结构方程模型及其应用[M]. 北京：教育科学出版社.

胡建忠，1999. 苗十高原沟壑区人工沙棘林地土壤抗蚀性研究[J]. 沙棘，12(1)：1-20.

胡建忠，范小玲，王愿昌，等，1998. 黄土高原沙棘人工林地土壤抗蚀性指标探讨[J]. 水土保持通报，18(2)：25-30.

胡建忠，张伟华，李文忠，等，2004. 北川河流域退耕地植物群落土壤抗蚀性研究[J]. 土壤学报，41(6)：854-863.

胡建忠，周心澄，2004. 退耕地青海云杉人工林土壤抗冲性试验研究[J]. 水土保持学报，12(18)：6-11.

胡良军，李锐，杨勤科，2001. 基于 GIS 的区域水土流失评价研究[J]. 土壤学报，38 (2)：167-175.

黄昌勇，2000. 土壤学[M]. 北京：中国农业出版社.

黄河水利委员会黄河志总编辑室，1993. 黄河水土保持志[M]. 见：黄河志. 卷八. 郑州：河南人民出版社.

黄巧云，李学垣，1995. 黏粒矿物，有机质对酶活性的影响[J]. 土壤学进展，(4)：12-18.

霍小鹏，李贤伟，张健，等，2009. 川西亚高山暗针叶林土壤渗透性能研究[J]. 水土保持研究，(16)3：192-195.

姜培坤，周国模，徐秋芳，2002. 雷竹高效栽培措施对土壤碳库的影响[J]. 林业科学，38(6)：6-11.

姜志林，1984. 森林生态学(五)：森林生态系统蓄水保土的功能(1)[J]. 生态学杂志，(6)：58-63.

蒋定生，1978. 黄土抗冲性的研究[M]. 陕西省土壤学会 1978 年学术年会论文集.

蒋定生，1997. 黄土高原水土流失与治理模式[M]. 北京：中国水利水电出版社.

蒋定生，范兴科，李新华，等，1995. 黄土高原水土流失严重地区土壤抗冲性的水平和垂直变化规律研究[J]. 水土保持学报，9(2)：1-8.

赖发叶，1985. 母岩岩性与土壤侵蚀的关系[J]. 中国水土保持，7：41-43.

雷俊山，杨勤科，2004. 土壤因子研究综述[J]. 水土保持研究，11(2)：156-159.

雷廷武，刘汗，潘英华，等，2005. 坡地土壤降雨入渗性能的径流-入流-产流测量方法与模型[J]. 中国科学 D 辑：地球科学，35(12)：1180-1186.

李鹏，李占斌，薛萐，等，2011. 不同海拔对干热河谷地区土壤酶活性的影响[J]. 应用基础与工程科学学报，19(Z)：139-149.

李瑞玲，王世杰，周德全，等，2003. 贵州岩溶地区岩性与土地石漠化的相关分析[J]. 地理学报，(58)2：314-320.

李小刚，崔志军，王玲英，等，2002. 盐化和有机质对土壤结构稳定性及阿特伯格极限的影响[J]. 土壤学报，39(4)：550-559.

李新平，陈欣，王兆骞，等，2003. 高植物篱笆条件下红壤坡耕地水土流失的发生特征[J]. 浙江大学学报(农业与生命科学版)，29(4)：368-374.

李兴中，李双岱，1987. 茂兰喀斯特森林区水文地质特征. 见：周政贤，主编. 茂兰喀斯特森林科学考察集. 贵阳：贵州人民出版社，74-97.

李阳兵，侯建筠，谢德体，2002. 中国西南岩溶生态研究进展[J]. 地理科学，22(3)：365-370.

李阳兵，魏朝富，谢德体，等，2006. 岩溶山区植被破坏前后土壤团聚体分形特征研究[J]. 土壤通报，2(37)1：51-56.

李勇，吴钦孝，朱显谟，等，1990. 黄土高原植物根系提高土壤抗冲性的有效性[J]. 水土保持学报. 4(3)：1-5.

李勇，徐晓琴，朱显谟，1992. 黄土高原植物根系提高土壤抗冲性机制初步研究[J]. 中国科学(B)，(3)：254-259.

李援越，穆彪，祝小科，等，1998. 喀斯特森林不同演替阶段群落的小气候特征[J]. 山地农业生物学报，17(6)：364-367.

李援越，祝小科，朱守谦，2003. 黔中退化喀斯特群落自然恢复生态学过程研究——环境动态特征. 见：朱守谦，主编. 喀斯特森林生态研究(Ⅲ). 贵阳：贵州科技出版社，238-247.

梁启鹏，余新晓，庞卓，等，2010. 不同林分土壤有机碳密度研究[J]. 生态环境学报，19(4)：889-893.

廖超林，何毓蓉，徐佩. 2005. 泥石流源地土壤团聚体抗蚀特征研究——以蒋家沟为例[J]. 地球与环境. (33)4：65-70.

林昌虎，朱安国，1999. 贵州喀斯特山区土壤侵蚀与防治[J]. 水土保持研究，6(2)：109-114.

林义成，丁能飞，傅庆林，等，2005. 土壤溶液电导率的测定及其相关因素分析[J]. 浙江农业学报，17(2)：83-86.

刘秉正，1984. 刺槐林地土壤抗冲性的试验研究[J]. 西北林学院学报，1-5.

刘崇洪，1996. 几种土壤质量评价方法的比较[J]. 干旱环境监测，3(1)：2-5.

刘道平，陈三雄，张金池，等，2007. 浙江安吉主要林地类型土壤渗透性[J]. 应用生态学报，18(3)：493-498.

刘方，2009. 贵州喀斯特森林退化对土壤质量的影响及评价[D]. 贵阳：贵州大学.

刘广路，范少辉，漆良华，等，2008. 不同类型毛竹林土壤渗透性研究[J]. 水土保持学报，22(6)：

44-46，56.

刘广深，徐冬梅，许中坚，等，2003. 用通径分析法研究土壤水解酶活性与土壤性质的关系[J]. 土壤学报，40(5)：756-762.

刘国彬，1997. 黄土高原土壤抗冲性研究及有关问题[J]. 水土保持研究，4(5)：91-101.

刘国彬，1998. 黄土高原草地土壤抗冲性及其机理研究[J]. 土壤侵蚀与水土保持学报，4(1)：93-94.

刘国彬，张光辉，1995. 原状土冲刷法与人工降雨模拟降雨法研究土壤侵蚀性对比分析[J]. 水土保持通报，15(4)：37-41.

刘洪鹄，赵玉明，王秀颖，等，2008. 土壤肥力评价方法探讨[J]. 长江科学院院报，25(3)：62-66.

刘济明，2000. 茂兰喀斯特森林主要树种的繁殖更新对策[J]. 林业科学，36(5)：114-122.

刘目兴，杜文正，张海林，等，2013. 三峡库区不同林型土壤的入渗能力研究[J]. 长江流域资源与环境，23(3)：299-305.

刘晓冰，2002. 刑宝山，土壤质量及其评价指标[J]. 农业系统科学与综合研究，2：4-6.

刘映良，2007. 喀斯特典型山地退化生态系统植被恢复研究[D]. 南京：南京林业大学.

刘映良，薛建辉，2005. 贵州茂兰退化喀斯特森林群落的数量特征[J]. 南京林业大学学报（自然科学版），29(3)：23-27

龙健，李娟，邓启琼，等，2006. 贵州喀斯特山区石漠化土壤理化性质及分形特征研究[J]. 土壤通报，37(4)：635-639.

路洪海，冯绍国，2002. 贵州喀斯特地区石漠化成因分析[J]. 四川师范学院学报（自然科学版），23(2)：189-212.

吕春娟，白中科，陈卫国，等，2006. 黄土区大型排土场植被根系的抗蚀抗冲性研究[J]. 水土保持学报，(20)2：35-39.

罗海波，2006. 喀斯特石漠化过程中土壤质量变化研究——以贵州花江峡谷为例[D]. 重庆：西南大学.

马维伟，王辉，张莉萍，2009. 兰州北山人工侧柏林地土壤渗透性研究[J]. 干旱区资源与环境，(23)2：186-190.

毛瑢，孟广涛，周跃，2006. 植物根系对土壤侵蚀控制机理的研究[J]. 水土保持研究，4(13)2：241-244.

梅再美，2003. 贵州喀斯特脆弱生态区退耕还林还草与节水型混农林业发展的途径探讨[J]. 中国岩溶，22(4)：293-298.

孟广涛，2011. 云南省水土流失治理及水土保持效益研究[J]. 中国水土保持，2：34-36.

孟广涛，方向京，郎南军，等，2000. 云南金沙江流域山地圣诞树人工林水土保持效益[J]. 水土保持学报，4(14)：60-63.

牛德奎，郭晓敏，2004. 土壤可蚀性研究现状及趋势分析[J]. 江西农业大学学报，26(6)：936-941.

裴鑫德，1991. 多元统计分析及应用[M]. 北京：中国农业出版社.

彭舜磊，梁亚红，陈昌东，等，2013. 伏牛山东麓不同植被恢复类型土壤入渗性能及产流预测[J]. 水土保持研究，20(4)：29-33.

彭新华，张斌，赵其国，2004. 土壤有机碳库与土壤结构稳定性关系的研究进展[J]. 土壤学报，41(4)：618-623.

彭亿，李裕元，李忠武，等，2009. 红壤坡地生态系统土壤入渗特征比较研究[J]. 水土保持研究，16(6)：205-209.

蒲小鹏，2008. 不同生长年限的草坪土壤酶活性研究[J]. 甘肃农业大学学报，(2)：121-123.

漆良华，张旭东，周金星，等，2007. 湘西北小流域典型植被恢复群落土壤贮水量与入渗特性[J]. 林业科学，43(3)：1-7.

邱仁辉，杨玉胜，俞新妥，1998. 不同栽植代数杉木林土壤结构特性研究[J]. 北京林业大学学报，20(4)：6-11.

任军，郭金瑞，边秀芝，等，2009. 土壤有机碳研究进展[J]. 中国土壤与肥料，(6)：1-7.

阮伏水，吴雄海，1996. 关于土壤可蚀性指标的讨论[J]. 水土保持通报，16(6)：68-72

沈慧，姜凤岐，杜晓军，等，2000. 水土保持林土壤抗蚀性能评价研究[J]. 应用生态学报，11(3)：345-348.

盛茂银，刘洋，熊康宁，2013. 中国南方喀斯特石漠化演替过程中土壤理化性质的响应[J]. 生态学报，33(19)：6303-6313.

石新生，赵崇伟，1998. 土壤抗冲性的研究[J]. 水土保持科学，3(3)：90-94.

史东梅，吕刚，蒋光毅，等，2005. 马尾松林地土壤物理性质变化及抗蚀性研究[J]. 水土保持学报，19(6)：35-41.

宋同清，2012. 西南喀斯特植物与环境[M]. 北京：科学出版社.

宋阳，刘连友，严平，等，2006. 土壤可蚀性研究述评[J]. 干旱区地理，29(1)：124-130.

苏维词，2002. 中国西南岩溶山区石漠化的现状成因及治理的优化模式[J]. 水土保持学报，16(2)：29-32.

苏维词，周济柞，1995. 贵州喀斯特山地的"石漠化"及防治对策[J]. 长江流域资源与环境，2：177-182.

苏维词，朱文孝，熊康宁，2002. 贵州喀斯特山区的石漠化及其生态经济治理模式[J]. 中国岩溶，21(1)：19-24.

苏宗明，1990. 广西石灰岩山地封山育林效果分析[J]. 广西植物，10(4)：343-350.

孙波，赵其国，张桃林，等，1997. 土壤质量与持续环境 III. 土壤质量评价的生物学指标[J]. 土壤，5：225-234.

唐海滨，廖超英，刘莉丽，等，2011. 蔬菜大棚土壤脲酶、过氧化氢酶活性与土壤养分的关系[J]. 干旱地区农业研究，29(3)：165-168.

唐金生，张如良，2005. 林分根系分布及其对土壤抗冲性的影响[J]. 浙江林业科技，25(4)：29-31.

唐水红，姜准兵，1996. 模拟降雨条件下不同林分类型土壤抗蚀性研究[J]. 湖南林业科技，23(2)：30-35.

田积莹，黄义端，1964. 子午岭连家砭地区土壤物理性质与土壤抗侵蚀性能指标的初步研究[J]. 土壤学报，12(3)：286-296.

屠玉麟，1997. 岩溶生态环境异质性特征分析——以贵州岩溶生境为例[J]. 贵州科学，15(3)：176-181.

王兵，刘国彬，薛萐，等，2009. 黄土丘陵区撂荒对土壤酶活性的影响[J]. 草地学报，17(3)：282-287.

王博文，陈立新，2006. 土壤质量评价方法述评[J]. 中国水土保持科学，4(2)：120-126.

王德炉，2003. 喀斯特石漠化的形成过程及防治研究[D]. 南京：南京林业大学.

王德炉，朱守谦，黄宝龙，2003. 石漠化过程中土壤理化性质变化的初步研究[J]. 山地农业生物学报，2(3)：204-207.

王德炉，朱守谦，黄宝龙，2004. 石漠化的概念及其内涵[J]. 南京林业大学学报(自然科学版)，28(6)：87-90.

王军，2001. 植物根系对土坡抗侵蚀能力的影响[J]. 土壤与环境，10(3)：250-252.

王礼先，朱金兆，2005. 水土保持学(第二版)[M]. 北京：中国林业出版社.

王清奎，汪思龙，冯宗炜，等，2005. 土壤活性有机质及其与土壤质量的关系[J]. 生态学报，25(3)：513-519.

王群，夏江宝，张金池，等，2012. 黄河三角洲退化刺槐林地不同改造模式下土壤酶活性及养分特征[J]. 水土保持学报，26(4)：133-137.

王世杰，2000. 喀斯特石漠化概念演绎及其科学内涵探讨[J]. 中国岩溶，21(2)：101-105.

王世杰，2002. 喀斯特石漠化概念演绎及其科学内涵的探讨[J]. 中国岩溶，21 (2)：101-105.

王世杰，2003. 喀斯特石漠化——中国西南最严重的生态地质环境问题[J]. 矿物岩石地球化学通报，22(2)：120-126

王世杰，季宏兵，1999. 碳酸盐岩风化成土作用的初步研究[J]. 中国科学(D辑)，29(5)：441-449.

王世杰，李阳兵，李瑞玲，2003. 喀斯特石漠化的形成背景、演化与治理[J]. 第四纪研究，23(6)：657-666.

王世杰，张殿发，2003. 贵州反贫困系统工程[M]. 贵阳：贵州人民出版社.

王一峰，张平仓，朱兵兵，等，2007. 长江中上游地区土壤抗冲性特征研究[J]. 长江科学院院报，2(1)：12-15.

王酉石，储诚进，2011. 结构方程模型及其在生态学中的应用[J]. 植物生态学报，35(3)：337-344.

王佑民，郭培才，高维森，1994. 黄土高原土壤抗蚀性研究[J]. 水土保持学报，8(4)：11-16.

王玉杰，王云琦，夏一平，2006. 重庆给云山典型林分的林地土壤抗蚀抗冲性能[J]. 中国水土保持科学，4 (1)：20-26.

王忠林，李会科，贺秀贤，2000. 渭北旱塬花椒地埂林土壤抗蚀抗冲性研究[J]. 水土保持研究，7(1)：33-37.

韦启幡，1996. 我国南方喀斯特区土壤侵蚀特点及防治途径[J]. 水土保持研究，3(4)：72-81.

吴长文，王礼先，1995. 林地土壤孔隙的贮水性能分析[J]. 水土保持学报，2(1)：76-79.

吴发荣，袁位高，徐卫南，等，1999. 富春江两岸江滩林带树木根系与土壤抗蚀性能关系研究[J]. 浙江林业科技，19(4)：28-32.

吴明隆，2009. 结构方程模型——AMOS的操作与应用[M]. 重庆：重庆大学出版社.

吴普特，周佩华，郑世清，2006. 黄土丘陵沟壑区 (l) 土壤抗冲性研究-以天水站为例[J]. 水土保持学报，7 (3)：19-23.

吴钦孝，韩冰，李秧秧，2004. 黄土丘陵区小流域土壤水分入渗特征研究[J]. 中国水土保持科学，2(6)：125-129.

吴淑安，蔡强国，1999. 土壤表土中植物根系影响其抗蚀性的模拟降雨试验研究[J]. 干旱区资源与环境，13(3)：35-43.

吴淑安，蔡强国，马绍嘉，1996. 土壤坑蚀性实验研究[J]. 云南地理环境研究，8(1)：73-81.

吴育良，2006. 贵阳市白云岩地区土壤质量评价研究[D]. 贵阳：贵州师范大学.

吴忠东，王全九，2008. 微咸水钠吸附比对土壤理化性质和入渗特性的影响研究[J]. 干旱地区农业研究，26(1)：231-236.

夏卫生，1989. 具有中国特色的水土保持科学体系[J]. 水土保持通报，9(4)：30-35.

肖登攀，韩淑敏，杨艳敏，等，2009. 太行山低山丘陵区不同地表类型降雨入渗产流规律研究[J]. 水土保持研究，16(5)：35-39.

熊康宁，梅再美，彭贤伟，等，2006. 喀斯特石漠化生态综合治理与示范典型研究——以贵州花江喀斯特峡谷为例[J]. 贵州林业科技，34(1)：5-8.

徐咪咪，2010. 异龄林林分生长的结构方程模型分析研究[D]. 北京：北京林业大学.

徐秋芳，姜培坤，俞益武，等，2001. 不同林用地土壤抗蚀性能研究[J]. 浙江林学院学报，18(4)：362-365.

徐燕，龙健，2005. 贵州喀斯特山区土壤物理性质对土壤侵蚀的影响[J]. 水土保持学报，19(1)：157-175.

徐阳春，沈其荣，冉炜，2002. 长期免耕与施用有机肥对土壤微生物生物量碳、氮、磷的影响[J]. 土壤学报，39(1)：89-96.

许景伟，王卫东，李成，2000. 不同类型黑松混交林土壤微生物，酶及其与土壤养分关系的研究[J]. 北京林业大学学报，22(1)：51-55.

杨安学，2004. 麻江县主要土壤类型的物理性质与土壤抗蚀性的关系的初步研究[J]. 贵州林业科技，32(2)：25-29.

杨建国，安韶山，郑粉莉，2006. 宁南山区植被自然恢复中土壤团聚体特征及其与土壤性质关系[J]. 水土保持学报. 20(1)1：72-77.

杨庆媛，2003. 西南丘陵区土地整理与区域生态安全研究[J]. 地理研究，22(6)：678-708.

杨胜天，朱启疆，1999. 论喀斯特环境中土地退化的研究[J]. 中国岩溶，18(2)：169-175.

杨式雄，戴教藩，陈宗献，等，1994. 武夷山不同林型土壤酶活性与林木生长关系的研究[J]. 福建林业科技，(4)：1-12.

杨玉盛，何宗明，林光耀，1996. 不同治理模式对严重退化红壤抗蚀性影响的研究[J]. 土壤侵蚀与水土保持学报，2(2)：32-37.

杨玉盛，叶旺，林建华，1992. 水保林对紫色土抗蚀性的影响[J]. 中国水土保持，5：31-32.

尹瑞玲，1985. 微生物与土壤团聚体[J]. 土壤学进展，13(4)：24-29.

尤万学，常发君，冯起勇，等，2004. 沙棘林地土壤抗蚀性的研究[J]. 宁夏农林科技，4：13-15.

于大炮，刘明国，邓红兵，等，2003. 辽西地区林西土壤抗蚀性分析[J]. 生态学杂志，22(5)：10-14.

余娜，刘济明，张超，等. 2010. 不同沙生植被土壤酶活性分异特征研究[J]. 水土保持研究，17(1)：77-81.

余清珠，王进鑫，刘增文，1996. 沟坡刺槐林改造更新方式初探[J]. 科技简报，8：19-20.

余清珠，师明洲，1990. 半干旱黄土丘陵沟壑区人工混交林土壤抗蚀性研究初报[J]. 水土保持通报，10(5)：5-9.

余树全，苏增建，2003. 沱江上游深丘地区不同立地土壤抗蚀性、渗透性及其影响因素[J]. 防护林科技，1(3)：1-4.

宇万太，姜子绍，李新宇，等，2007. 不同土地利用方式对潮棕壤有机碳含量的影响[J]. 应用生态学报，18(12)：2760-2764.

喻理飞，2002. 贵州柏箐喀斯特台原区常绿落叶阔叶林多样性研究[J]. 贵州科学，20(2)：37-41.

喻理飞，朱守谦，魏鲁明，等，1998. 退化喀斯特群落自然恢复过程研究——自然恢复演替系列[J]. 山地农业生物学报，17(2)：71-77.

喻理飞，朱守谦，叶镜中，等，2003. 退化喀斯特森林适应等级种组划分研究. 见：朱守谦，主编. 喀斯特森林生态研究(Ⅲ). 贵阳：贵州科技出版社，189-196.

喻明美，谢正生，2011. 广州市白云山五种森林类型的土壤渗透性研究[J]. 水土保持研究，18(1)：153-156.

袁道先，1988. 论岩溶环境系统[J]. 中国岩溶，7(3)：179-186.

袁道先，1993. 中国岩溶学[M]. 北京：地质出版社.

袁道先，1997. 我国西南岩溶石山的环境地质问题[J]. 世界科技研究与发展，5：93-97.

袁道先，2001. 地球系统的碳循环和资源环境效应[J]. 第四纪研究，21(3)：223-232.

张邦棍，张萍，赵云龙，2000. 喀斯特地貌不同演替阶段植被小气候特征研究[J]. 贵州气象，24(3)：17-21.

张保华，徐佩，廖朝林，2005. 川中丘陵区人工林土壤结构性及对土壤侵蚀的影响[J]. 水土保持通报，25(3)：25-28.

张昌顺，范少辉，管凤英，等，2009. 闽北毛竹林的土壤渗透性及其影响因子[J]. 林业科学，45(1)：36-42.

张殿发，王世杰，李瑞玲，2002. 贵州省喀斯特山区生态环境脆弱性研究[J]. 地理学与国土研究，18(1)：77-79.

张凤洲，1995. 西北黄土抗冲性研究[J]. 山西水土保持科技，4：48-51.

张红玉，杨勇，李勇，2015. 西南喀斯特石漠化区域生态系统退化与恢复探讨[J]. 生态科学，34(4)：169-174.

张建军，张宝颖，毕华兴，2004. 黄土区不同植被条件下的土壤抗冲性[J]. 北京林业大学学报，11(26)：25-30.

张金池，陈三雄，刘道平，等，2006. 浙江安吉主要植被类型土壤抗蚀性指标筛选及评价模构建[J]. 亚热带水土保持，18(2)：1-5.

张金池，减廷亮，曾锋，2001. 岩质海岸防护林树木根系对土壤抗冲性的强化效应[J]. 南京林业大学学报，25 (1)：9-12.

张立恭，1996. 四川盆地主要土壤类型抗侵蚀能力研究[J]. 四川林勘设计，(2)：15-23.

张明，张凤海，1987. 茂兰喀斯特森林下的土壤. 见：周政贤，主编. 茂兰喀斯特森林科学考察集. 贵阳：贵州人民出版社，111-124.

张启昌，孟庆繁，兰晓龙，1996. 黄土低山丘陵土壤抗蚀性影响因素的初步研究[J]. 水土保持通报，16(3)：23-26.

张松阳，1999. 不同治理措施对土壤抗蚀性因子的影响[J]. 福建水土保持，11(3)：49-52.

张焱华，吴敏，何鹏，等，2007. 土壤酶活性与土壤肥力关系的研究进展[J]. 安徽农业科学，35(34)：11139-11142.

张咏梅，周国逸，吴宁，2004. 土壤酶学的研究进展[J]. 热带亚热带植物学报，12 (1)：83-90

张玉兰，陈利军，张丽莉，2005. 土壤质量的酶学指标研究[J]. 土壤通报，36(4)：598-603.

张志强，王礼先，余新晓，等，2001. 森林植被影响径流形成机制研究进展[J]. 自然资源学报，16(1)：79-84.

章家恩，徐琪，1997. 生态退化研究的基本与框架[J]. 水土保持通报，17(6)：46-53.

章明奎，韩常灿，2000. 浙江省丘陵土壤的抗蚀性[J]. 浙江农业学报，12(1)：25-30.

赵聪，李勇，杨红军，2012. 缙云山森林次生演替群落土壤微生物、酶活性和养分的研究[J]. 中国农学通报，28(4)：46-50.

赵鸿雁，2003. 黄土高原人工油松林枯枝落叶层的水土保持功能研究[J]. 林业科学，39(1)：168-172.

赵西宁，吴发启，2004. 土壤水分入渗的研究进展和评述[J]. 西北林学院学报，19(1)：42-45.

赵晓光，石辉，2003. 水蚀作用下土壤抗蚀能力的表征[J]. 干旱区地理，26(1)：12-16.

赵新宇，赵岭，王立刚，等，2000. 阿伦河流域水土保持林土壤抗蚀性研究[J]. 防护林科技，9 (3)：21-23.

郑粉莉，高学田，2000. 黄土坡面土壤侵蚀过程与模拟[M]. 西安：陕西人民出版社.

郑粉莉，王占礼，杨勤科，2004. 土壤侵蚀学科发展战略[J]. 水土保持研究，4(12)：11-16.

郑伟，霍光华，骆昱春，等，2010. 马尾松低效林不同改造模式土壤微生物及土壤酶活性的研究[J]. 江西农业大学学报，32(4)：743-751.

中国科学院南京土壤研究所，1978. 土壤理化分析[M]. 上海：上海科技出版社.

中国农学会，2000. 土壤农业化学分析方法[M]. 北京：中国农业科技出版社.

中国农业百科全书编辑委员会，中国农业百科全书——土壤卷[M]. 北京：农业出版社.

周程爱，张于光，肖烨，等，2009. 土地利用变化对川西米亚罗林土壤活性碳库的影响[J]. 生态学报，29(8)：4542-4547.

周国逸，闫俊华，2001. 鼎湖山区域大气降水特征和物质元素输入对森林生态系统存在和发育的影响[J]. 生态学报，21 (12)：2002-2012.

周礼恺，1987. 土壤酶学[M]. 北京：科学出版社.

周礼恺，张志明，陈恩凤，1981. 黑土的酶活性[J]. 土壤学报，18(2)：158-16.

周利军，齐实，王云琦，2006. 三峡库区典型林分林地上壤抗蚀抗冲性研究[J]. 水土保持研究，13 (1)：186-188，216.

周炼川，陈效民，李孝良，等，2010. 西南喀斯特地区不同石漠化阶段土壤物理参数的变异研究[J]. 地球科学与环境学报，32(2)：195-199.

周维，张建辉，2006. 金沙江支流冲沟侵蚀区四种土地利用方式下土壤入渗特性研究[J]. 土壤，38 (3)：333-337.

周玮，2007. 花江峡谷喀斯特土壤酶与可氧化有机碳研究[D]. 贵阳：贵州大学.

周游游，霍建光，刘德深，2000. 岩溶化山地土地退化的等级划分与植被恢复初步研究[J]. 中国岩溶，19(3)：268-273.

周运超，2001. 茂兰森林生态系统对岩溶环境的适应与调节[J]. 中国岩溶，18(3)：47-51.

周运超，周习会，周玮，2005. 贵州岩溶土壤形成及其可持续利用[J]. 山地农业生物学报，24 (5)：419-425.

周政贤，1963. 贵州石灰岩山基本情况及植被恢复绿化造林研究初报[J]. 贵州林学会论文集，177-211.

周政贤，毛志忠，喻理飞，等，2002. 贵州石漠化退化土地及植被恢复模式[J]. 贵州科学，20 (1)：1-6.

朱守谦，陈正仁，魏鲁明，2002. 退化喀斯特森林自然恢复的过程和格局[J]. 贵州大学学报(农业与生物科学版)，21(1)：19-25.

朱守谦，何纪星，魏鲁明，等，2003. 茂兰喀斯特森林小生境特征研究. 见：朱守谦，主编. 喀斯特森林生态研究(Ⅲ). 贵阳：贵州科技出版社，38-48.

朱守谦，何纪星，祝小科，1998. 乌江流域喀斯特区造林困难程度评价及分区[J]. 山地农业生物学报，17(3)：129-134.

朱守谦，何纪星，祝小科，等，1993. 喀斯特森林小生境特征初步研究. 见：朱守谦，主编. 喀斯特森林生态研究(Ⅰ). 贵阳：贵州科技出版社，52-62.

朱守谦，祝小科，喻理飞，2000. 贵州喀斯特区植被恢复的理论和实践[J]. 贵州环保科技，6 (1)：31-35.

朱显谟, 1997. 强化黄土高原土壤渗透性及抗冲性的研究[J]. 水土保持学报, 7(3): 1-10.

朱显谟, 田积莹, 1993. 强化黄土高原土壤渗透性及抗冲性的研究[J]. 水土保持学报, 7(3): 1-10.

祝小科, 朱守谦, 刘济明, 1998. 乌江流域喀斯特石质山地植被自然恢复配套技术[J]. 贵州林业科技, 26(4): 7-14.

祝小科, 朱守谦, 刘济明, 等, 1999. 乌江流域喀斯特石质山地人工造林技术试验研究[J]. 山地农业生物学报, 18(3): 138-143.

邹军, 喻理飞, 李媛媛, 2010. 退化喀斯特植被恢复过程中土壤酶活性特征研究[J]. 生态环境学报, 19(4): 894-898.

邹翔, 崔鹏, 陈杰, 等, 2004. 小江流域土壤抗冲性实验研究[J]. 水土保持学报, (18)2: 71-73.

Alcântara F A, Buurman P, Curi N, et al, 2004. Changes in soil organic matter composition after introduction of riparian vegetation on shores of hydroelectric reservoirs(Southeast of Brazil)[J]. Soil Biology and Biochemistry, 36(9): 1497-1508.

Alex W, Chris P, Michael M, 1999. Root strength, growth, and rates of decay: root einforcement changes of two tree species and their contribution to slope stability[J]. Plant and Soil, 217: 39-47.

Anderson H W, 1954. Suspended sediment discharge as related to streamflow, topography, soil and land used [J]. Fransactions. American Geophysical Union, 35: 268-281.

Baldrian P, Trögl J, Frouz J, et al, 2008. Enzyme activities and microbial biomass in topsoil layer during spontaneous succession in spoil heaps after brown coal mining[J]. Soil Biology and Biochemistry, 40(9): 2107-2115.

Bauhus J, Bartsch N, 1996. Fine-root growth in beech(Fagus sylvatica)forest gaps[J]. Can. J. For. Res. 26: 2153-2159.

Baver M, Stern R, Vander Merwe A J, et al, 1945. Slope and gypsum effects on infiltration and erodibility of dispersive and nondispersive soils [J]. Soil Science Society of American Journal, 56: 1571-1576.

Bennett H. H. 1939. Soil Conservation[M]. New York: McGraw - Hill Book Co.

Berger T W, Neubauer C, Glatzel G, 2002. Factors controlling soil carbon and nitrogen stores in pure stands of Norway spruce (Picea abies) and mixed species stands in Austria [J]. Forest Ecology and Management, 159(1): 3-14.

Bouraoui F, Dillaha T A, 1996. AN SW ERS - 2000: Runoff and sediment transport model [J]. Journal of Environmental Engineering, 122(6): 493-502.

Bouyoucos G J, 1935. The clay ratio as a criterion of susceptibility of soils to erosion[J]. Journal of American Society of Agronomy, 27: 738-741.

Comeau P G, Kimmins J P, 1989. Above-and below-ground biomass and production of lodge polepine on sites with differing soil moisture regimes[J]. Can. J. For Res, 19: 447-454.

Daily G C, 1995. Restoring value to the worlds degraded lands[J]. Science, 269: 350-354.

David D B, Jeffrey J W, Mathew P J, et al, 2003. Wind and water erosion and transport in semi-arid scrublands, grassland and forest ecosystems: quantifying dominance of horizontal wind-driven transport[J]. Earth Surface Processes and Landforms, 28: 1189-1209.

David Pimentel, 1998. Nadia kounang ecology of soil erosion in ecosystems [J]. Ecosystems, (1): 416-426.

De Roo A P J, Wesseling C G, Ritsema C J. 1996, LISEM: A single—event, physical based hydrological and soils erosionmodel for drainage basin. I: theory, input and output[J]. Hydrological Processes, 10: 1107-1117.

Dexter A R, 2001. Advances in characterization of soil structure[J]. Soil Till. Res. , 11: 199-238.

Doran J W, Parkin T B, 1994. Defining and assessing soil quality[C]. //Doran J W, Coleman D C, Bezdick D F, et al. Defining soil quality for a sustainable environment. Madison, USA: Soil Science Society of America, 3-21.

Edward Derbyshire, 2001. Geological hazards in loess terrain, with particular reference to the loess regions of China[J]. Earth-Science Reviews, (54): 231-260.

Ellison W D, 1947. Soil Erosion Study- Part II: So il detachment hazard by raindrop sp lash [J]. Aric. Eng. , 28: 197-201.

EllisonW D, 1944. Studies of raindrop ero sion [J]. A ric. Eng. , 25: 131-136.

Foster G R, F P Eppert, L D Meyer, 1979. A programmable rainfall simulate orforfield plots [S]. Agric. Rev. and ManualsARM - W - 10. USDA - ARS. Oakland: Western Region, CA, 45-49.

Frederick R Troeh, J Arthur Hobbs. Roy L Donahue, 1980. Soil and Water Conservation for Productivity and Environment. Protection [M]. Prentice -Hall, Inc. Englewood Cliffs, N. J. 07632, USA.

Froster D L, R P Richards, D B Baker, et al, 2000. Blue EPIC modeling of the effects of farming practice changes on water quality in two lake Erie watersheds[J]. Journal of Soil and Water Conservation, 55(1): 85-90.

Gams I, 1991. The origin of the term Karst in the time of transition of Karst(kras)from deforestation to forestation. In: Proceedings of the international conference on environmental changes in Karst areas[J]. Edited by Sauro U. et al. , University of Padova, 1-8.

García-Ruiz R, Ochoa V, Hinojosa M B, et al, 2008. Suitability of enzyme activities for the monitoring of soil quality improvement in organic agricultural systems[J]. Soil Biology & Biochemistry, 40 (9): 2137-2145.

Islam K R, Well R R, 2000. Soil quality indicator properties in mid. Atlantic soils as influenced by conservation management[J]. Journal of Soil Water Conservation, 50: 226-228.

James L. Lolcama, Harvey A, Cohen, Matthew J. Tonkin. 2002. Deep karst conduits, flooding, and sinkholes: lessons for the aggregates industry[J]. Engineering Geology, 65: 151-157.

Jenny H, 1980. The Soil Resource[M]. Ecological Studies, 57 (2-3): 102-102.

Jin K, Sleutel S, Buchan D, et al, 2009. Changes of soil enzyme activities under different tillage practices in the Chinese Loess Plateau[J]. Soil and Tillage Research, 104(1): 115-120.

Karel Zak, Vojen Lozek, Jaroslav Kadlec, 2002. Climate-induced changes in Holocene calcareous tufa formations, Bohemian Karst, Czech Republic[J]. Quaternary International, (91): 137-152.

Karlen DL, Stott DE, 1994. A framework forevaluating physical and chemical indicators of soil quality [J]. Methods forAssessing Soil Quality, SSSA Special Publications, 35: 53-72.

Kazuhiko Egashira, et al, 1983. Aggregate stability as an index of erodibility of Ando Soils, Soil Sci [J]. Plant Nutr, (4): 29.

Lang K J, Prunty L, Schroeder S A, et al, 1984. Interrill erosion as an index of mined land soil Erodibility[J]. Transactions of the ASAE, 27: 99-104, 109.

Larry E Wagner, Edward L Skidmore, 2000. Methods to Quantify Residue, Roughness, and Soil aggregates in Wind Erosion Studies, Soil Erosion and Dryland Farming[M]. CRC Press, LLC, 663-671.

Larson W. E. , F. J. Pierce, 1994. in: Defining Soil Quality for a Sustainable Environment. 37-52. Soil Science Society of America Madison. Wisconsin USA.

Lebissonnais Y, Arrouyas D, 1997. Aggregate stability and assessment of soil crustability and erodibility: 2. Application to humic loamy soils with various organic carbon contents[J]. Eur. J. Soil Sci. 48: 38-48.

Levy G, Shainberg 1, Morin J, 1986. Factors affecting the stability of soil crusts in subsequent storms [J]. Soil Science Society of America Journal, 50: 196-201.

Lin H S, Mclnnes K J, 1998. Macro-porosity and initial moisture effects on infiltration rates in Vertisols and Verticintergrades[J]. Soil Science, 163(1): 2-8.

Magnuson T S, 1992. Comparison of extracellular peroxidase- and esterase-deficient mutants of Streptomyces viridosporus T7A[J]. Applied & Environmental Microbiology, 58(3): 1070-1072.

Merilä P, Malmivaara-Lämsä M, Spetz P, et al, 2010. Soil organic matter quality as a link between microbial community structure and vegetation composition along a successional gradient in a boreal forest[J]. Applied Soil Ecology, 46(2): 259-267.

Meyer L D, 1984. Evolution of the Universal Soil Loss Equation[J]. J. Soil and Water Cons. 32(2): 99-104.

Michael S Kuznetsov, Gendugov V M, Yong-Qing Jiang, et al, 2003. New Model of Soil Detachment by Water Flow, Soil Erosion and Dryland Farming[M]. CRC Press, LLC, 573-579.

Middleton H E, 1930 Properties of soil which influence soil erosion [J]. USDSA Technical Bulletin, 173: 16.

Moffat A, Mcncill J, 1994. Reclaiming disturbed land for Forestry[M]. London: The Forestry Commission. Crown.

Morgan R P C, 1995. Soil Erosion and Conservation[M]. London: Longman, Essex, 3.

Morgan R P C, Quinton J N, Smith R E, et al, 1998. The European Soil Erosion Model (EUROSEM): A dynamic approach for predicting sediment transport from fields and small catchments[J]. Earth Surface Processes and Landforms, 23(6): 527-544.

Mukhopadhyay S, Joy VC, 2010. Influence of leaf types on microbial functions and nutrient status of soil: ecological suitability of forest trees for afforestation in tropical laterite wastelands[J]. Soil Biology and Biochemistry, 42(12): 2306-2315.

Ranjard L, Poly F, Combrisson J, et al, 2000. Heterogeneous cell density and genetic structure of bacterial pools associated with various soil microenvironments as determined by enumeration and DNA fingerprinting approach(RISA)[J]. Microbial Ecology, 39(4): 263-272.

Renard K G, Foster G R, Weesies G A, et al, 1997. Coordinators. Predicting soil erosion by water: aguide to conservation planning with the Revised Universal Soil Loss Equation (RUSLE) [S]. USDA Agricultural Handbook, 703.

Rodriguez-Loinaz G, Onaindia M, Amezaga I, et al, 2007. Relationship between vegetation diversity and soil functional diversity in native mixed-oak forests[J]. Soil Biology and Biochemistry, 40(1): 49-60.

Schjonning P, Thomsen I K, Moldrup P, et al, 2003. Linking Soil Microbial Activity to Water and Air-Phase Contents and Diffusivities[J]. Soil Science Society of America Journal, 67(1): 156-165.

Shinjo H, Fujita H, Gintzburger Gus, 2000. Soil aggregate stability under different landscapes and vegetation types in a semiarid area in Northeastern Syria[J]. Soil Sci. Plant Nutr, 46(1): 229-240.

Smith J L. 1994. Society of America, et al, in: Defining Soil Quality for a Sustainable Environment. Soil Science Inc. Wisconsin USA, 149-157.

Turner B L, Meyer W B, Skole D L, 1994. Global land-use/land-cover change: towards an integrated program of study[J]. Ambio, 23(1): 91-95.

Ushio M, Kitayama K, Balser T C, 2010. Tree species effects on soil enzyme activities through effects on soil physicochemical and microbial properties in a tropical montane forest on Mt. Kinabalu, Borneo[J]. Pedobiologia, 53(4): 227-233.

Wang S J, Li R L, Sun C X, et al, 2004. How types of carbonate assemblages constrain the distribution of karst rocky decertified land in Guizhou Province [J]. Degradation & Development, 15 (1): 123-131.

Wischmeier W H, 1976. Use and misused of the universal soil loss equation[J]. J Soil and Water Cons, 31(1): 5-9.

Wischmeier W H, Smith D D, 1960. A universal soil loss equation to guide conservation farm planning [J]. Trans. 7th Internationa Cong. Soil Sci. I: 418-425.

Wischmeier W H, Smith D D. Predicting Rainfall Erosion Losses. A Guide to Congenation Planning. Supersedes Agri. Handbook No. 282: 15.

Woodburn R, Kozachyn, J, 1956. Study of relative erodibility of a group of Mississippi gully soils[J]. Trans. Am. Geophys. Union, 37: 749-753.

Xing S, Chen C, Zhou B, et al, 2010. Soil soluble organic nitrogen and active microbial characteristics under adjacent coniferous and broadleaf plantation forests [J]. Journal of Soils & Sediments, 10 (4): 748-757.

Y. lebissonnais, 2001. Aggregate stability and assessment of soil crustability and erodibility: I. Theory and methodology[J]. European Journul of Soil Science, 47: 425-431.

Young R A, 1989. A GN PS: A non-point source pollution model for evaluating agricultural watershed [J]. Journal of Soil and Water Conservation, 44(2): 168-173.

Yuan D X, 1997. Rock desertification in the subtropical karst of south China[J]. Z. Geomorph. N. F. 108: 81-90.

Zachar D, 1982. Soil erosion. Developments in soil science [M]. New York, 10: 164-166